U0455659

权威·前沿·原创

皮书系列为
"十二五""十三五"国家重点图书出版规划项目

BLUE BOOK

智库成果出版与传播平台

贵州房地产蓝皮书

**BLUE BOOK** OF
REAL ESTATE OF GUIZHOU

# 贵州房地产发展报告 *No.7*
# （2020）

ANNUAL REPORT ON THE DEVELOPMENT OF
GUIZHOU'S REAL ESTATE No.7 (2020)

主　编／武廷方
副主编／伍国勇　夏　刚
贵州大学贵州省房地产研究院

社会科学文献出版社
SOCIAL SCIENCES ACADEMIC PRESS (CHINA)

图书在版编目（CIP）数据

贵州房地产发展报告. No.7，2020 / 武廷方主编
. -- 北京：社会科学文献出版社，2020.12
（贵州房地产蓝皮书）
ISBN 978 - 7 - 5201 - 7655 - 2

Ⅰ. ①贵⋯ Ⅱ. ①武⋯ Ⅲ. ①房地产业 - 经济发展 -
研究报告 - 贵州 - 2020 Ⅳ. ①F299.277.3

中国版本图书馆 CIP 数据核字（2020）第 234681 号

贵州房地产蓝皮书

# 贵州房地产发展报告 No.7（2020）

主　　编 / 武廷方
贵州大学贵州省房地产研究院

出 版 人 / 王利民
责任编辑 / 张　超

出　　　版 / 社会科学文献出版社·皮书出版分社（010）59367127
　　　　　　地址：北京市北三环中路甲 29 号院华龙大厦　邮编：100029
　　　　　　网址：www. ssap. com. cn
发　　　行 / 市场营销中心（010）59367081　59367083
印　　　装 / 天津千鹤文化传播有限公司

规　　　格 / 开　本：787mm × 1092mm　1/16
　　　　　　印　张：15.5　字　数：227 千字
版　　　次 / 2020 年 12 月第 1 版　2020 年 12 月第 1 次印刷
书　　　号 / ISBN 978 - 7 - 5201 - 7655 - 2
定　　　价 / 138.00 元

本书如有印装质量问题，请与读者服务中心（010 - 59367028）联系

# 机构介绍

　　贵州大学创建于 1902 年，1951 年 11 月，毛泽东主席亲笔题写"贵州大学"校名。2005 年 9 月，贵州大学成为国家"211 工程"大学。2012 年 9 月，被列为国家"中西部高校综合实力提升工程"14 所高校之一。2016 年 4 月，被列为中西部"一省一校"国家重点建设高校。2017 年 9 月，成为国家世界一流学科建设高校。2018 年 2 月，成为教育部、贵州省人民政府"部省合建"高校 。

　　贵州大学秉承"明德至善 博学笃行"的校训，紧紧围绕立德树人根本任务，加快推进部省合建和"双一流"高水平大学建设，牢记嘱托、感恩奋进，为服务贵州"三大战略"，为决战脱贫攻坚、决胜同步小康，为开创百姓富、生态美的多彩贵州新未来做出更大贡献，奋力书写创建高水平大学实现百年辉煌的奋进之笔，谱写中华民族伟大复兴中国梦的新篇章。

　　贵州省房地产研究院是根据中共贵州省委黔党发〔2013〕12 号文件关于"进一步落实和扩大科研机构的法人自主权，积极引导和推进有条件的转制科研院所深化产权制度改革，建立现代企业制度，健全法人治理结构"的指导意见，通过资源整合共同成立的房地产专业研究机构，是以"科研体制创新，教学科研致用"为宗旨的独立法人新型研究院。研究院将以严谨的作风、中立的角度、独特的视角、翔实的数据、科学的理论服务于社会各界及贵州人民。

# 主要编撰者简介

**武廷方**　中国房地产估价师与房地产经纪人学会副会长、全国房地产经纪专业人员职业资格考试专家委员会副主任、清华大学房地产研究中心特邀研究员、中共贵州省委服务决策专家库专家、贵州省高等学校教学指导委员会委员、贵州省土木建筑工程学会副理事长、贵州省房地产研究院院长、教授。"房屋银行"模式发明人，所研发公租房"房屋银行，收储配租"模式受到中共中央政治局常委国务院总理李克强批示表彰。

**夏　刚**　贵州省房地产研究院副院长，博士，副教授，国家注册造价工程师，中国软科学研究会理事。2008年至今在贵州财经大学从事房地产经济管理、工程项目管理等教学科研工作。在《经济研究》《土木工程学报》《中国土地科学》等期刊发表多篇论文。主要研究方向为房地产经济、住房保障、工程项目管理。

**刘洪玉**　清华大学建设管理系教授、博士生导师，清华大学土木水利学院副院长、房地产研究所所长。兼任贵州省房地产研究院名誉院长、中国房地产估价师与房地产经纪人学会副会长、住房和城乡建设部住房政策专家委员会主任委员、中国房地产业协会常务理事、国际房地产学会（IRES）理事、亚洲房地产学会（AsRES）理事等。主要研究领域为房地产经济学、房地产金融与投资、住房政策和土地管理。

**吴　璟**　清华大学建设管理系主任，副教授、博士，清华大学恒隆房地产研究中心执行主任，贵州省房地产研究院学术委员会委员、特邀研究员。

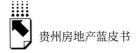
新加坡国立大学房地产研究院兼职研究员、美国城市和房地产经济学会（AREUEA）国际会议委员会委员、美国城市和房地产经济学会（AREUEA）会员、世界华人不动产学会会员。研究领域为城市和房地产经济学、住房政策、房地产投资。

**郑思齐**　贵州省房地产研究院首席研究员，美国麻省理工学院（MIT）城市研究与规划系和房地产中心副教授（终身教职），麻省理工学院 STL 房地产创新实验室教职主任（Faculty Director），清华大学恒隆房地产研究中心教授。著有《住房需求的微观经济分析》《城市经济的空间结构》等，主要研究领域为城市空间和城市体系可持续发展的经济机制，包括城市中"居住—就业—公共服务"的空间互动、交通基础设施和开发区等区位导向性政策对城市和区域发展的影响、绿色城市和消费城市的经济机制、土地供给对房地产市场和城市增长的影响机制等。

**伍国勇**　贵州大学教授，管理学博士，中国城乡经济研究会常务理事，贵州大学经济学院副院长，中国喀斯特地区乡村振兴研究院执行副院长。长期从事农业生态经济、贫困问题、农村与区域发展研究，在中国社会科学出版社、科学出版社等出版著作 7 部，在《农村经济》《经济问题》等期刊发表学术论文 40 多篇；主持各类研究课题 10 多项；2011 年获贵州省高校人文社会科学研究优秀成果三等奖；2013 年获贵州省教学成果一等奖；2014 年获全国农林经济管理教学指导委员会教学成果二等奖；2015 年获得贵州省第十一次哲学社会科学研究三等奖。

# 摘　要

《贵州房地产发展报告 No. 7（2020）》以严谨的作风、中立的角度、独特的视角、翔实的数据、科学的理论探究贵州省房地产市场的行业发展动态。全书由总报告、土地篇、住房保障篇、金融篇、地区篇、专题篇、热点篇组成。总报告对 2019 年贵州省房地产市场的发展状况进行了全面综合的分析，其余各篇分别从不同的角度对贵州省各市（州）房地产市场的发展进行了不同解析。报告中各课题组成员来自全省 9 个市（州）一线管理与工作人员，报告数据收集详尽，真实客观地反映了 2019 年各市（州）的房地产发展状况，对各市（州）房地产行业发展具有积极的参考指导价值。

贵州是中国脱贫攻坚主战场，2015 年 12 月开始，贵州对居住在"一方水土养不起一方人"地方的贫困人口，开展了历史上规模空前的易地扶贫搬迁工作。住房对脱贫攻坚的影响与意义深远，2020 年围绕"脱贫攻坚，住房为先"，本书继续坚持展现贵州省在扶贫道路上所做出的成效，深入易地扶贫搬迁现场调查研究，客观分析、科学预判，多角度展现贵州脱贫攻坚成果。

2019 年贵州房地产市场明显回落，商品房销售面积、商品住宅销售价格、房屋新开工面积等增速明显低于 2018 年，商品住宅库存指数明显高于 2018 年。受疫情影响，预计 2020 年贵州省房地产市场进一步回落，商品房销售面积、销售价格等增速下降。

**关键词：**贵州省　房地产市场　脱贫攻坚

# 序　言

2019 年底，我参加了贵州省委召开的促进贵州省房地产健康发展的座谈会，在这次会议上我作了《推动贵州省房地产业健康发展的几点意见和建议》的发言，回顾贵州省近年来房地产行业发展的轨迹。近十年全省房地产总投资 18927.22 亿元，商品房总销售面积 3.487 亿平方米，销售金额为 16570.29 亿元。从数据中我们可以得出如下结论：一是房地产业为贵州经济社会发展做出了巨大贡献；二是平稳、健康的房地产市场是社会的福祉。

2019 年我院发表了《脱贫攻坚　住房为先》科研成果，受到各界的好评。房地产的本质是为经济社会发展提供空间和服务，住房建设当之无愧是脱贫攻坚的利器。脱贫攻坚以来，贵州省总共完成农村危房改造 330 万户、易地扶贫搬迁 45.39 万户，为全省按时高质量打赢脱贫攻坚战奠定了坚定的基础。

世界治贫专家、哈佛大学教授克莱顿·克里斯坦森在他的名作中写到，中国近年取得的减贫成就是一个值得全地球人骄傲的成绩。为什么过去几十年来发达国家的官方援助项目向贫困国家投入了几万亿美元的扶贫资金，最终却以失败告终？可见扶贫不光是金钱的问题，中国取得的让全世界瞩目的成就关键在于作出了科学的决策和部署，形成了体系完整、逻辑严密、内涵丰富的习近平扶贫重要论述，实施了精准扶贫、易地搬迁等一系列开辟式创新模式，在"一方水土养不活一方人"的地方形成了市井，创造了繁荣。

本书是我院编辑出版的第七本"贵州房地产蓝皮书"，我们在《脱贫攻坚　住房为先》报告中发表了在易地扶贫搬迁和农村危房改造方面的研究

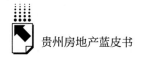
成果，供大家参考。

刘廷方

2020 年 11 月

# 目　录

## I　总报告

**B.1**　2019年贵州房地产市场分析及2020年预测………… 总报告编写组 / 001

## II　土地篇

**B.2**　贵州土地市场分析与展望（2019）………… 夏　刚　贺　琨 / 039

**B.3**　贵阳土地招拍挂调查报告（2019）………… 武廷方　胡蝶云 / 055

## III　住房保障篇

**B.4**　2019年贵州省住房公积金运行分析………… 张世俊 / 071

## IV　金融篇

**B.5**　贵州省房地产企业与消费融资报告

………… 武廷方　张小龙　党月婷 / 081

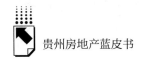
# V 地区篇

**B.6** 贵阳市2019年房地产市场运行报告

............................ 贵阳市住房和城乡建设局课题组 / 086

**B.7** 六盘水市2019年房地产市场运行报告

............................ 六盘水市住房和城乡建设局课题组 / 091

**B.8** 遵义市2019年房地产市场运行报告

............................ 遵义市住房和城乡建设局课题组 / 096

**B.9** 安顺市2019年房地产市场运行报告

............................ 安顺市住房和城乡建设局课题组 / 101

**B.10** 毕节市2019年房地产市场运行报告

............................ 毕节市住房和城乡建设局课题组 / 108

**B.11** 铜仁市2019年房地产市场运行报告

............................ 铜仁市住房和城乡建设局课题组 / 113

**B.12** 黔西南州2019年房地产市场运行报告

............................ 黔西南州住房和城乡建设局课题组 / 119

**B.13** 黔东南州2019年房地产市场运行报告

............................ 黔东南州住房和城乡建设局课题组 / 125

**B.14** 黔南州2019年房地产市场运行报告

............................ 黔南州城乡建设和规划委员会课题组 / 139

# VI 专题篇

**B.15** 脱贫攻坚 住房为先

——易地扶贫搬迁是消除极贫阻断返贫的保障：

以住房为主的家庭财富增长视角

............................ 武廷方 伍国勇 禹 灿 郭 云 / 150

**B.** 16　惠水县易地扶贫搬迁工作报告 ……………… 武廷方　禹　灿／171

**B.** 17　贵州省农村危房改造的发展历程、主要做法与实践成效
　　　　…………………………………………… 陈其荣　王兴骥／180

# Ⅶ　热点篇

**B.** 18　贵州省社会公租房运营分析 ……………… 武廷方　胡蝶云／196

Abstract ……………………………………………………… ／208

Preface ……………………………………………………… ／210

Contents ……………………………………………………… ／212

皮书数据库阅读**使用指南**

# 总 报 告

**General Report**

## B.1
## 2019年贵州房地产市场分析
## 及2020年预测

*总报告编写组**

**摘　要：** 2019年贵州房地产市场明显回落，商品房销售面积、商品
住宅销售价格、房屋新开工面积等增速明显低于2018年，
商品住宅库存指数明显高于2018年。9个市（州）商品房
销售面积方面，6个市（州）上涨，涨幅最大的为黔东南州
的23.2%，跌幅最大的为遵义的－11.1%；商品房销售价
格方面，8个市（州）上涨，涨幅最大为六盘水的12.7%，
铜仁下跌5.14%；房地产开发投资方面，9个市（州）均

* 规划审稿：武廷方，贵州省房地产研究院院长，教授；刘洪玉，清华大学房地产研究所所长，
教授。报告执笔：夏刚，贵州省房地产研究院副院长，博士、副教授；吴璟，清华大学建设管
理系主任，博士、副教授；伍国勇，贵州大学经济学院副院长，教授。资料收集：胡蝶云，贵
州省房地产研究院秘书长，助理研究员；禹灿，贵州省房地产研究院副秘书长，助理研究员。

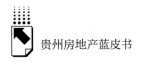
增加，涨幅最大的为黔东南州的 59.1%。受新冠肺炎疫情影响，预计 2020 年贵州省房地产市场进一步回落，商品房销售面积、销售价格等增速下降。

**关键词：** 贵州省　房地产市场　房地产开发投资

# 一　2019年房地产市场分析

## （一）主要结论

2019 年贵州房地产市场明显回落，商品房销售面积、商品住宅销售价格、房屋新开工面积等增速明显低于 2018 年，商品住宅库存指数明显高于 2018 年。

商品房销售面积增速 2.7%，低于 2018 年的 10.3%。

商品住宅销售价格增速 6.8%，低于 2018 年的 23.1%。

房屋新开工面积增速 27.3%，低于 2018 年的 71.8%。

房地产开发投资增速 27.3%，高于 2018 年的 6.7%。

商品住宅库存指数 0.28，高于 2018 年的 0.15。

表1　2019 年贵州房地产市场主要指标及与全国比较

| 指标 | 绝对量 | 同比增长（%） | 全国同比增长（%） |
|---|---|---|---|
| 商品房销售面积（万平方米） | 5323.31 | 2.7 | 0.1 |
| 商品住宅销售面积 | 4612.13 | 3.8 | 1.6 |
| 商品住宅销售价格（元/平方米） | 5479.92 | 6.8 | 8.6 |
| 房地产开发投资（亿元） | 2990.81 | 27.3 | 10.0 |
| 住宅投资 | 2078.37 | 33.4 | 14.0 |
| 土地购置面积（万平方米） | 534.26 | -10.4 | -11.4 |

| 指标 | 绝对量 | 同比增长(%) | 全国同比增长(%) |
|---|---|---|---|
| 房屋新开工面积(万平方米) | 7239.89 | 27.3 | 8.4 |
| 商品住宅新开工面积 | 5235.85 | 31.4 | 9.1 |
| 房屋竣工面积(万平方米) | 954.85 | -25.4 | 1.6 |
| 商品住宅竣工面积 | 634.5 | -24.6 | 3.0 |
| 房屋施工面积(万平方米) | 27775.07 | 26.5 | 8.7 |
| 商品住宅施工面积 | 18426.52 | 31.8 | 10.1 |
| 商品住宅库存指数 | 0.28 | 86.7 | 5.4 |

注：除非特别说明，本文价值指标，如房地产开发投资，同比增长（增速）均为名义值。

资料来源：贵州省统计局。

## （二）2019年贵州省房地产市场运行态势

1. 贵州商品房面积增速近三年持续放缓

（1）基本情况

2019 年贵州省商品房销售面积为 5323.31 万平方米，同比增长 2.7%，增速比全国水平高 2.6 个百分点。

分月度看，增速总体呈下降趋势，从年初的 9.1% 下降到年底的 2.7%。

全年月度销售面积 443.60 万平方米。单月销售面积最高的是 6 月，为 647.54 万平方米；其次是 12 月，为 610.20 万平方米。

由图 1 可见，2019 年不同月份，贵州商品房销售面积增速在 1~4 月连续下跌，5 月有所回升，6~9 月缓慢上升后基本持平，10~12 月连续下跌，到年底增速为 2.7%，较年初下降 6.4 个百分点，但是全年贵州商品房销售面积增速高于全国水平。

（2）贵州省不同地区商品房销售面积比较

2019 年贵州省商品房销售面积最多的是遵义市 1144.08 万平方米，其次是贵阳 1099.95 万平方米；销售面积最少的是六盘水地区，为 211.91 万平方米（见图 2）。

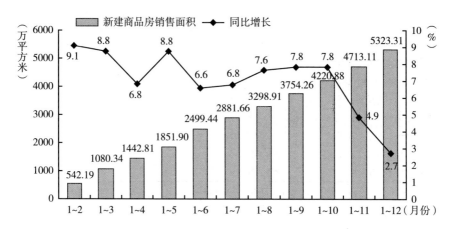

**图1　2019年贵州省房地产开发企业商品房销售面积及同比增长**

资料来源：贵州数据来自贵州省统计局，全国数据来自国家统计局网站。

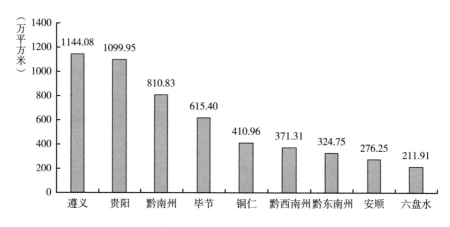

**图2　2019年贵州省九个市（州）商品房销售面积**

资料来源：贵州省统计局。

（3）纵向比较，2019年贵州商品房销售面积增速低于2018年，近三年来贵州省商品房销售面积逐年缓慢增长，增速持续放缓

自1998年住房市场改革以来，贵州商品房销售面积呈现快速增长态势，从2001年的369.38万平方米增加到2019年的5323.31万平方米，增加了13.4倍。

由图3可见，贵州商品房销售面积增速仅2008年为负增长，2004年持平，其他年份增速均大于零。

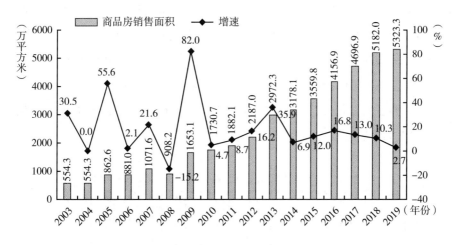

**图3　2003～2019年贵州商品房销售面积及增速**

资料来源：各年份数据均来自国家统计局。

2003～2019年贵阳市商品房销售面积占比，从2013年开始连续下降，到2019年商品房销售面积占比为20.9%（见图4）。

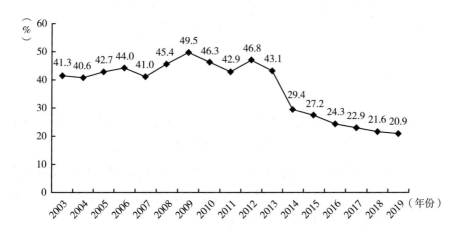

**图4　2003～2019年贵阳市商品房销售面积占比**

资料来源：贵州省统计局，笔者计算整理。

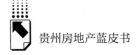

（4）贵州商品房销售面积构成情况

2004～2018年贵州商品房销售面积构成如图5所示，商品房包括住宅、商业营业用房、办公楼和其他。由图5可见，住宅占比最高，其次是商业营业用房，两者占比之和超过95%，办公楼和其他用房占比低于5%。

2004～2018年，2013年住宅占比不断下降，到2018年有所回升，占比为85.7%，是2014年以来最高水平，2004～2018年住宅平均占比为88.8%，商业营业用房平均占比为8.0%，办公楼平均占比为1.9%，其他用房平均占比为1.3%。

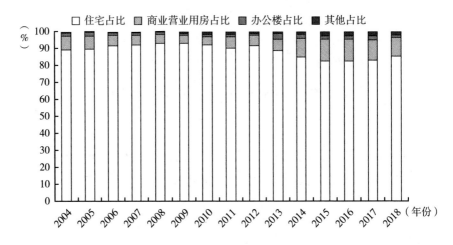

图5　2004～2018年贵州商品房销售面积构成

资料来源：各年份数据均来自国家统计局。

2000～2018年我国住宅销售面积占比平均水平排序如图6所示，占比最高的为海南（94.4%）；其后是陕西（92.2%）、西藏（92.1%）、湖北（91.9%）。占比最低的是北京（80.6%），其后是福建（83.5%）、内蒙古（83.8%）、浙江（83.8%）。贵州（88.9%）从高到低，排第17位，即有16个省份的住宅销售面积占比高于贵州。

2000～2018年我国商业营业用房销售面积占比如图7所示。内蒙古（12.1%）占比最高，其次是宁夏（11.1%）。贵州（8.1%）从高到低，排

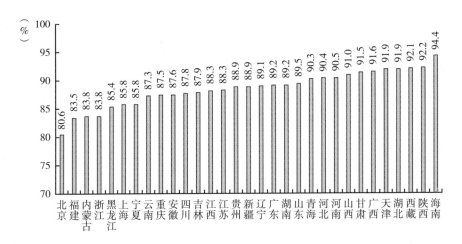

**图6 2000～2018年我国住宅销售面积占比排序**

资料来源：国家统计局网站，笔者计算整理。

第9位，排名比较靠前，较之前排名有很大的提升，占比较低的是海南（3.5%）、陕西（3.9%）、天津（4.4%）、上海（4.9%）。

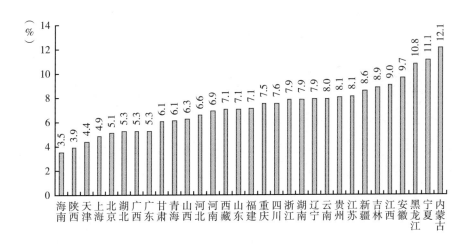

**图7 2000～2018年我国商业营业用房销售面积占比排序**

资料来源：国家统计局网站，笔者计算整理。

2000～2018年我国办公楼销售面积占比如图8所示，由图8可见，占比最高的是北京（10.3%），远大于其他省份，其后是上海（5.5%）、浙江

（4.0%）、福建（3.5%）。这四个省份的占比明显高于其他地区。占比最低的是海南（1.0%）和辽宁（1.0%），其后是广西（1.1%）、江西（1.1%）、湖南（1.2%）、河北（1.2%），所有省份占比均高于1%，贵州（1.8%）从高到低排第12位。

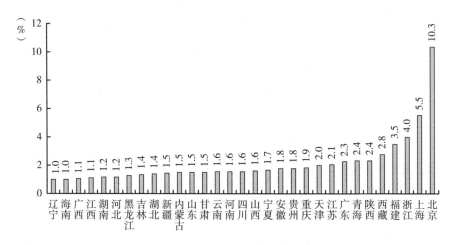

**图8　2000～2018年我国办公楼销售面积占比排序**

资料来源：国家统计局网站，笔者计算整理。

（5）横向比较，2019年贵州商品房销售面积增速高于全国平均水平

横向比较，我国四大地区中，西部地区处于增长状态，远高于全国平均水平，东部地区、东北地区和西部地区处于负增长状态，东北地区增长速度最慢，为－5.3%。贵州增速高于东部、中部和东北地区，接近西部地区平均水平（见图9）。

在西部地区12个省份中，商品房销售面积有9个省份正增长，一个省份不变，两个省份下跌（见图10）。商品房销售面积增长最快的是西藏（74.1%）、跌幅最大的是重庆（－6.6%），其后是宁夏（－1.7%），内蒙古维持不变，贵州（2.7%）排第9位。

在不包括东北三省的所有省份，贵州商品房销售面积增速列第14位（见图11），增速最快的是西藏（74.1%），其后是北京（34.9%）、新疆（18.7%）、天津（18.3%）。

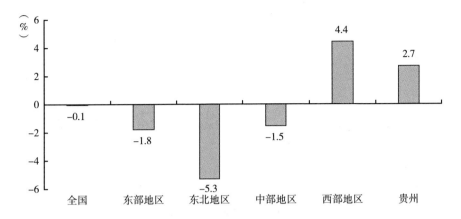

**图9　2019年不同区域商品房销售面积增速**

资料来源：贵州数据来自贵州省统计局，其他数据来自国家统计局网站。

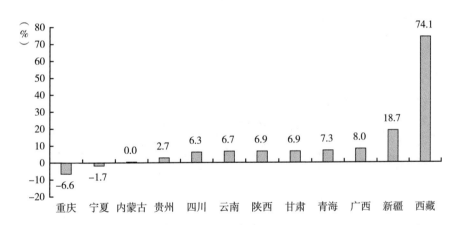

**图10　2019年西部地区商品房销售面积增速排序**

资料来源：贵州数据来自贵州省统计局，其他数据来自国家统计局网站。

2.2019年贵州商品房销售价格增速明显低于2018年，且低于西部平均增速

（1）基本情况

2019年贵州商品房销售价格为5980元/平方米，同比增长6.1%。分月度看，每月房价均有波动，总体呈现上升趋势（见图12）。

（2）比较分析

2003～2019年贵州商品房销售价格及增速如图13所示。由图13可知，

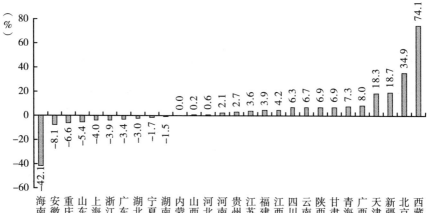

**图11　2019年我国部分省份商品房销售面积增速排序**

资料来源：贵州数据来自贵州省统计局，其他数据来自国家统计局网站。

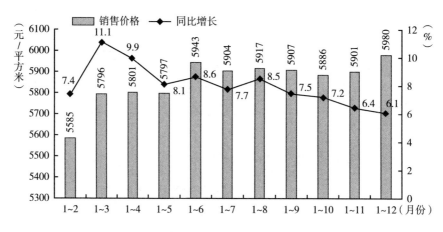

**图12　2019年贵州商品房销售价格及同比增长**

资料来源：贵州统计局，笔者计算整理。

在2009年后商品房销售价格增速逐年下降，到2016年出现负增长，2018年回升到18.1%，高于2003～2019年9.9%的平均增速，2019年增速回落到6.1%，明显低于2018年，且低于2003～2019年的平均增速。

2019年不同区域商品房销售价格增速见图14。2019年全国商品房销售

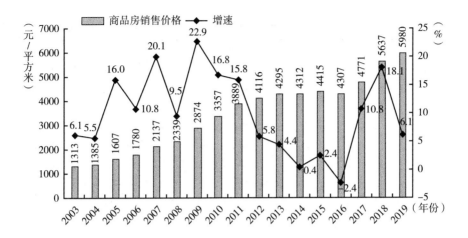

**图 13　2003～2019 年贵州商品房销售价格及增速**

资料来源：数据来自国家统计局网站。

价格平均增速为 6.70%，西部地区增速最高，东部地区增速最低。贵州增速低于西部地区平均增速，略高于东部地区增速。

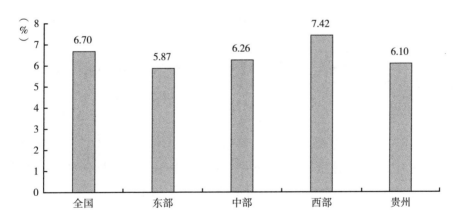

**图 14　2019 年不同地区商品房销售价格增速**

资料来源：国家统计局网站，笔者计算整理。

贵阳市与周边省会城市新建商品住宅定基价格指数见表 2，2005～2019年，新建商品住宅价格指数上涨幅度最大的是长沙，其次是贵阳，南宁第三，最低是成都。

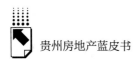

表2　2005～2019年贵阳与周边省会城市新建商品住宅定基价格指数

| 年份 | 长沙 | 南宁 | 昆明 | 重庆 | 成都 | 贵阳 |
|------|------|------|------|------|------|------|
| 2005 | 100 | 100 | 100 | 100 | 100 | 100 |
| 2006 | 105.8 | 105 | 101.2 | 103.2 | 108.6 | 105.4 |
| 2007 | 115.9 | 115.3 | 104.1 | 111.4 | 118.5 | 113.6 |
| 2008 | 126.1 | 126.6 | 107.8 | 119.4 | 122.3 | 121.2 |
| 2009 | 127.8 | 125.9 | 109 | 120.9 | 122.6 | 125.5 |
| 2010 | 141.7 | 133.6 | 118.4 | 133.9 | 129.6 | 136 |
| 2011 | 152.8 | 136.9 | 125.6 | 139.5 | 133.9 | 142.1 |
| 2012 | 152.9 | 135.6 | 126.3 | 138.3 | 133 | 143.9 |
| 2013 | 165.6 | 144.2 | 132.8 | 147.8 | 142.1 | 151.1 |
| 2014 | 170.4 | 149 | 136 | 151 | 145.8 | 155.3 |
| 2015 | 160.4 | 144.2 | 128.7 | 143.3 | 139.7 | 150.3 |
| 2016 | 173.2 | 154.6 | 129.7 | 148.6 | 145.5 | 153.8 |
| 2017 | 199.2 | 171.8 | 138.7 | 164.4 | 147.6 | 166.2 |
| 2018 | 214.5 | 184.5 | 158.3 | 179.1 | 155.9 | 187.9 |
| 2019 | 230.5 | 205.6 | 181.0 | 198.6 | 176.4 | 218.9 |

资料来源：根据国家统计局网站《主要城市月度价格——新建商品住宅销售价格指数（上年同月＝100）》计算，年度价格指数等于月度价格指数算数平均，定基指数根据年度价格指数计算。

3. 2019年贵州房地产开发投资增速大幅上升，办公楼和商业营业用房投资占比均下降

（1）基本分析

2019年贵州房地产开发投资2990.8亿元，同比增长27.3%。分月度看，1～5月同比增速缓慢下降，6～10月持续回升至29.0%，11月开始房地产开发投资又有所下降，到12月增长27.3%（见图15）。

全年平均月度投资249.2亿元，月度投资最大的是6月的390.0亿元，其次是11月的297.7亿元。

从住宅投资来看，2019年末增长至2078.4亿元，从增速来看，住宅投资每月都是正增长，到12月增长了33.4%。

（2）纵向比较，2019年贵州房地产开发投资增速大幅度上升

2003～2019的平均增速为24.8%。2012～2016年的增速大幅下降，

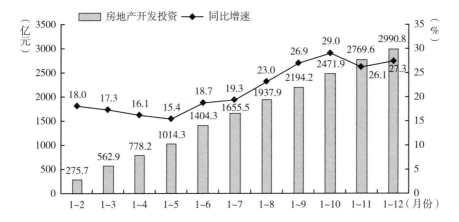

**图15　2019年贵州房地产开发投资及同比增速**

资料来源：贵州省统计局。

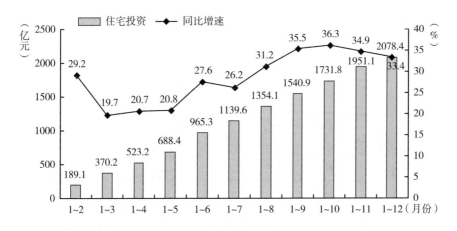

**图16　2019年贵州省住宅投资及同比增速**

资料来源：贵州省统计局，笔者计算整理。

2016年后持续上升，2019年达27.3%，高于增速平均水平（见图17）。

（3）纵向比较，不同用途房地产投资增速波动较大

2003~2019年，贵州不同用途房地产平均增速分别为：住宅26.5%、商业营业用房26.6%、办公楼30.2%，2019年增速较前两年大幅增加（见图18）。

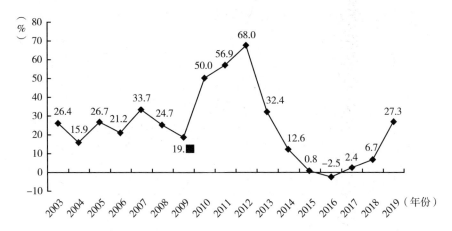

**图 17　2003～2019 年贵州省房地产开发投资增速**

资料来源：国家统计局网站，笔者计算整理。

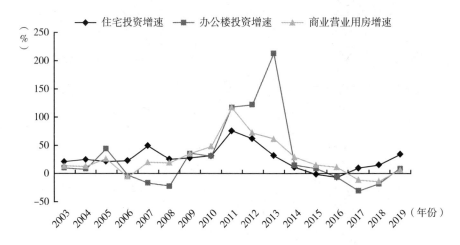

**图 18　2003～2019 年贵州不同用途房地产开发投资增速**

资料来源：国家统计局网站。

（4）纵向比较，办公楼和商业营业用房投资占比均下降

2003～2019 年，贵州不同用途房地产开发投资占比平均值分别为住宅
61.5%、商业营业用房 15.5%、办公楼 4.2%，2019 年办公楼、商业营业用
房占比较 2018 年均下降，住宅占比增加（见图 19）。

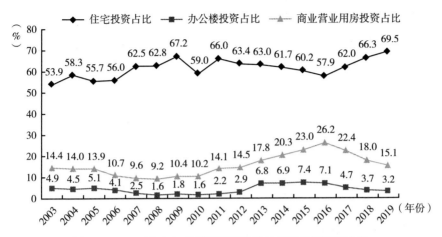

**图19　2003~2019年贵州不同用途房地产开发投资额占比**

资料来源：国家统计局网站，笔者计算整理。

（5）2019年贵州房地产开发对经济增长的贡献率仅次于2012年，投资率小幅度上涨

2019年贵州房地产开发对经济增长的贡献率为45.3%，接近2012年历史高位，比2018年高37.1个百分点。房地产开发投资的投资率为17.8%，在2013年达到峰值24.0%之后，首次出现回升（见图20）。

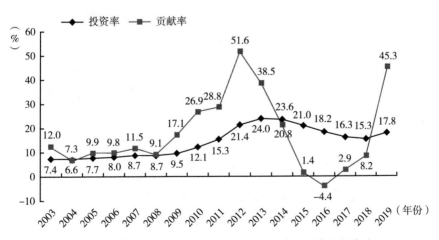

**图20　2003~2019年贵州省房地产开发投资贡献率和投资率**

资料来源：国家统计局网站，笔者计算整理。

贵州省各地区房地产开发投资比较，2019 年房地产开发投资最多的是贵阳（1176.24 亿元），其次是遵义（544.91 亿元）；投资最少的是六盘水地区（104.53 亿元）（见图 21）。

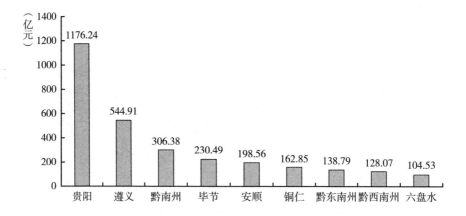

**图 21  2019 年贵州省九个市（州）房地产开发投资**

资料来源：贵州省统计局。

（6）横向比较，2019 年贵州房地产开发投资增速位列全国第三，高于全国平均水平

2019 年，全国房地产投资增速为 9.9%，27 个省份正增长，4 个省份下跌，增速最快的是西藏（39.9%），其次是云南（27.8%），下跌最大的是海南（－22.1%），其后是宁夏（－10.3%）、河北（－2.9%）（见图 22）。

（7）横向比较，贵州住宅投资占比位居全国倒数第二，商业营业用房投资占比位居全国第九

2000～2019 年，全国不同省份房地产开发企业住宅投资占房地产开发投资比重平均值排序见图 23。全国平均为 69.0%，即 2000～2019 年，每年住宅投资占房地产开发投资比重的平均值为 69.0%。排名第一的是海南的 79.0%，其次是河南的 74.5%、陕西的 74.5%；高于全国平均水平的有 17 个省份，另外 14 个省份低于全国平均水平。最低为北京的 51.2%，其后是贵州的 60.9%、重庆的 62.6%。

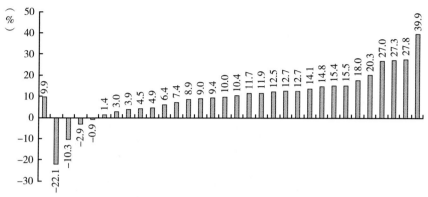

**图22　2019年全国及各省份房地产开发投资增速排序**

资料来源：国家统计局网站，笔者计算整理。

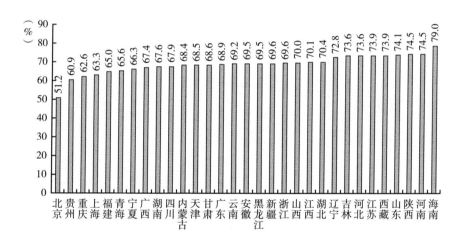

**图23　2000～2019年全国住宅投资占比排序**

资料来源：国家统计局网站，笔者计算整理。

2000～2019年全国办公楼投资占比排序见图24。全国平均为4.4%，最突出的是北京、上海，分别为12.9%、12.0%，远远高于排第3位的浙江（5.8%），有20个省份的占比均低于全国平均水平，最低为海南（1.9%），其次为西藏（2.3%）。贵州为4.4%，从高到低排第10位，与全国平均水平持平。

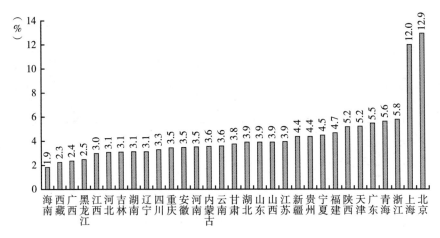

**图24　2000～2019年全国办公楼投资占比排序**

资料来源：国家统计局网站，笔者计算整理。

2000～2019年全国商业营业用房投资排序见图25。全国平均为13.6%，有16个省份高于全国平均水平，其中内蒙古最高，为19.8%，其后为宁夏的19.2%、新疆的18.9%，贵州排第9位。低于全国平均水平的有15个省份，其中最低的为海南的8.1%，其后是北京的9.0%、广东的10.6%、福建的10.7%。

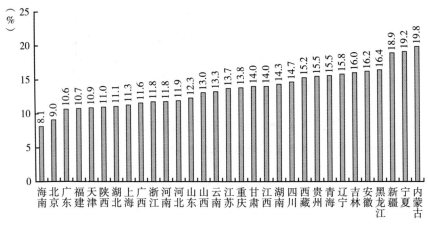

**图25　2000～2019年全国商业营业用房投资占比排序**

资料来源：国家统计局网站，笔者计算整理。

（8）横向比较，2000～2018年不同资金来源占比平均水平排序，贵州国内贷款、其他资金占比处于较高水平

国内贷款占比越大，说明银行对房地产开发企业资金支持力度越大。2000～2018年房地产开发企业国内贷款占比排序见图26，全国平均值为18.4%，大于全国占比的仅7个省份，贵州（16.7%）排第11位，低于全国占比，最高的是北京（27.4%），其后是天津（26.0%）、上海（24.4%），占比最低的是内蒙古（8.0%），其后是吉林（9.0%）、黑龙江（9.7%）。在30个省份中，22个省份国内贷款占比小于全国占比，说明国内贷款集中度较高，主要集中在直辖市（北京、上海、天津、重庆）和发达省份（浙江、江苏、广东）。

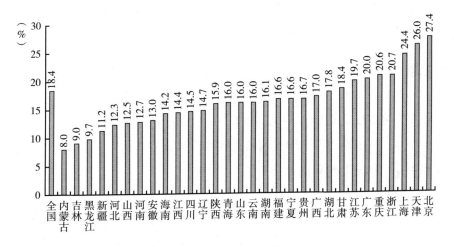

**图26　2000～2018年房地产开发企业国内贷款占比排序**

注：西藏数据缺失。

资料来源：国家统计局网站，笔者计算整理。

2000～2018年房地产开发企业国内自筹资金占比排序见图27，2000～2018年全国平均值为40.0%，11个省份大于全国水平，内蒙古占比最高，为68.5%，其后是吉林（55.5%）、黑龙江（55.0%）、青海（51.2%）。占比最低的为北京（23.8%），其后是浙江（24.5%）、江苏（27.3%）。按从高到低顺序贵州排第21位，略低于全国平均水平。

2000～2018年房地产开发企业国内其他资金占比排序见图28。2000～

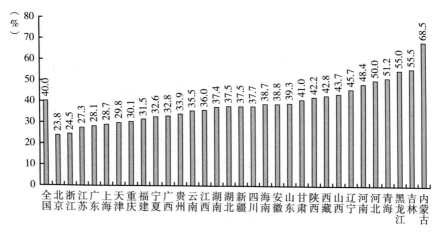

**图27　2000～2018年房地产开发企业国内自筹资金占比排序**

资料来源：国家统计局网站，笔者计算整理。

2018年全国平均占比水平为47.7%，大于全国平均占比的有13个省份，最高的为浙江54.8%，其后为江苏（53.0%）、福建（52.0%）；17个省份低于全国平均占比，最低是内蒙古23.5%，其后是青海（32.8%）、黑龙江（35.4%），其中四川与全国平均占比持平。从高到低排序，贵州排第9位，高于全国平均占比水平。

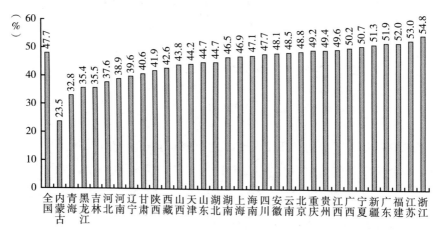

**图28　2000～2018年房地产开发企业国内其他资金占比排序**

资料来源：国家统计局网站，笔者计算整理。

4. 土地购置面积增速下降

2019 年贵州房地产开发企业土地购置面积增速 – 10.4%，跌幅略高于全国平均水平。2003～2019 年，贵州房地产开发企业土地购置面积增速平均值为 14.9%，全国平均增速为 0.1%，贵州增速远远高于全国平均增速。分年看贵州增速波动幅度远大于全国（见图 29）。

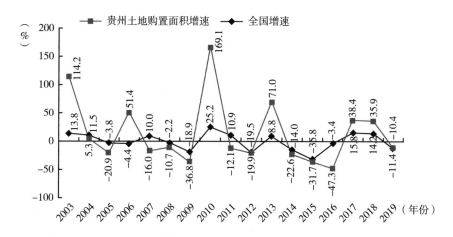

**图 29　2003～2019 年贵州省房地产开发企业土地购置面积增速比较**

资料来源：国家统计局网站，笔者计算整理。

5. 2019年贵州房地产开发企业房屋新开工面积同比增幅较大，下半年增速高于全国平均水平

（1）基本情况

2019 年贵州房地产开发企业房屋新开工面积 7239.9 万平方米，月平均新开工面积 603.3 万平方米，10 月新开工面积 816.1 万平方米，大于其他月份新开工面积，全年同比增速呈现明显的上升趋势，1～2 月同比出现负增长，1～4 月保持持续上涨之后，1～5 月下跌 1.5%，之后大幅回升，第四季度虽有小幅度回落，但总体平稳，全年同比增长 27.3%，比全国增速高 18.8 个百分点。

贵州房地产开发企业房屋新开工面积同比上涨，涨幅高于全国平均水平。2019 年，全国房地产开发企业房屋新开工面积上涨了 8.5%（见图 30）。

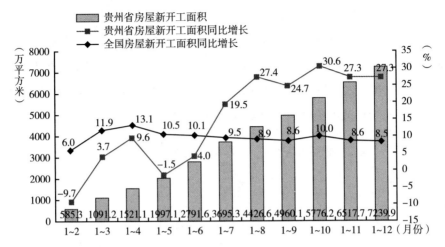

**图30 2019年贵州省房地产开发企业房屋新开工面积及同比增长**

资料来源：国家统计局网站，笔者计算整理。

不同用途房屋新开工面积增速如图31所示。商业营业用房新开工面积增速低于其他类型，全年同比增长8.6%。下半年住宅新开工面积增速高于房屋新开工面积增速，全年增长31.4%。办公楼新开工面积增速全年呈下降趋势，全年上涨25.1%。

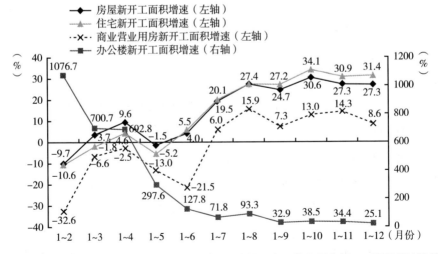

**图31 2019年贵州省房地产开发企业住宅、办公楼、商业营业用房新开工面积增速比较**

资料来源：国家统计局网站，笔者计算整理。

不同用途房屋新开工面积占比见图32，住宅占比最大，全年累计占比高于2018年水平；办公楼占比最小，全年累计占比与2018年持平；商业营业用房全年累计占比低于2018年。

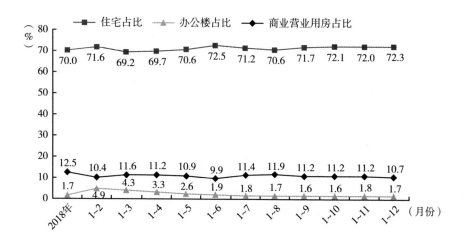

**图32　2019年贵州省房地产开发企业住宅、办公楼、商业营业用房新开工面积占比**

资料来源：国家统计局，笔者计算整理。

（2）纵向比较，贵州房地产开发企业房屋新开工面积占比从2008年开始呈现总体下降趋势，2013～2015年下降14个百分点，但从2016年起显著上涨到2019年的72.3%，同期商业营业用房占比减少10个百分点，办公楼占比与上年持平

由图33可见，2015年住宅占比处于历史最低水平，到2019年住宅占比上升到72.3%，2015商业营业用房和办公楼占比处于历史最高水平，但到2019年商业营业用房占比下降到10.7%，办公楼占比下降到1.7%。

（3）纵向比较，贵州房地产开发企业住宅新开工面积增速大幅度下降

2019年贵州住宅新开工面积增速31.4%，大于全国增速9.1%，但是贵州住宅新开工面积增速比2018年下降49个百分点，而全国增速比2018年只下降了10.7个百分点（见图34）。

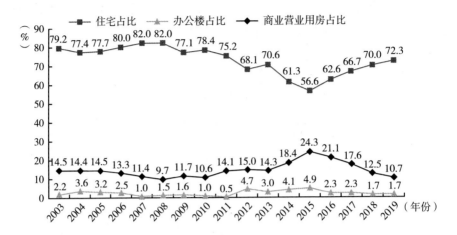

**图33 2003～2019年贵州省房地产开发企业住宅、
办公楼、商业营业用房新开工面积占比**

资料来源：国家统计局，笔者计算整理。

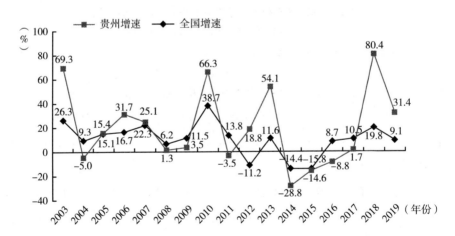

**图34 2003～2019年贵州省房地产开发企业住宅新开工面积增速比较**

资料来源：国家统计局，笔者计算整理。

（4）横向比较，贵州省房地产开发企业房屋新开工面积增速全国排第6
位，其中商业营业用房增速全国排第7位，办公楼增速全国排第17位，住
宅增速全国排第9位

2019 年中国不同省份房地产开发企业房屋新开工面积增速排序如图 35 所示。快于全国增速的有 16 个省份，正增长的有 23 个省份，增速大于 30%，明显高于其他省份的有西藏、云南、青海、广西、甘肃；贵州增速高于全国增速，排第 6 位。慢于全国增速的有 15 个省份，跌幅较大的有海南、福建、北京、重庆。

贵州周边省份大多呈上涨趋势，涨幅最大的是云南，增长 69.2%，其次是广西，增长 35.6%，涨幅最小是湖南，增长 7.2%。

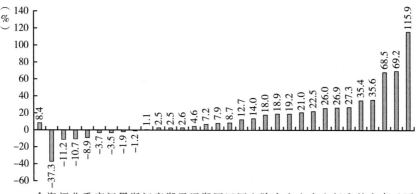

**图35　2019 年中国不同省份房地产开发企业房屋新开工面积增速排序**

资料来源：国家统计局，笔者计算整理。

住宅新开工面积增速全国平均值为 9.1%，有 15 个省份高于全国平均增速，只有 8 个省份负增长，西藏增速最快为 159.8%，其次是青海 93.0%；下跌最多的为海南，下跌 45.5%，其次是北京，下跌了 18.6%。贵州增速高于全国增速，排第 7 位。

贵州周边省份除重庆外全部上涨，涨幅最小的是四川，涨了 5.8%，其次是湖南，涨幅为 7.5%；云南涨幅最大，涨了 68.2%，其次是广西，涨了 39.9%。重庆下跌 10.7%（见图 36）。

办公楼新开工面积增速最快的为西藏（1074.4%），其后是云南

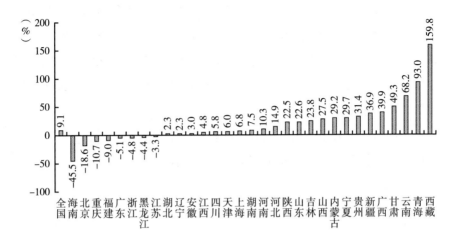

**图36　2019年中国不同省份房地产开发企业住宅新开工面积增速排序**

资料来源：国家统计局，笔者计算整理。

（182.5%）、辽宁（146.5%），贵州排第11位，正在增长的有21个省份。下跌的有10个省份。跌幅最大的为宁夏（-50.9%），全国平均增速为16.1%，大于全国平均增速的有17个省份（见图37）。

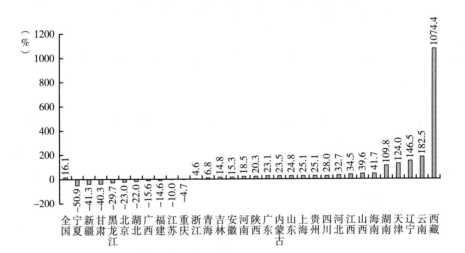

**图37　2019年中国不同省份房地产开发企业办公楼新开工面积增速排序**

资料来源：国家统计局，笔者计算整理。

商业营业用房新开工面积增速全国为－5.3%，有16个省份大于全国增速，其中有13个省份为正的增速。增速最快的为上海（38.6%），其次是云南（32.5%），贵州排第9位。跌幅最大的是福建（－40.5%），其次是内蒙古（－29.9%）。

贵州周边省份，增速最快的为云南（32.5%），其后是四川（12.3%）、广西（8.3%），跌幅最大的为重庆（－20.0%），其次是湖南（－4.1%）（见图38）。

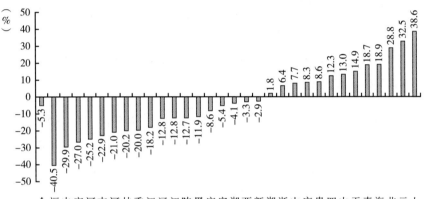

**图38　2019年中国不同省份房地产开发企业商业营业用房新开工面积增速排序**

资料来源：国家统计局，笔者计算整理。

6. 2019年贵州房地产开发企业房屋竣工面积增速显著降低，大大低于全国平均水平

（1）基本情况

2019年贵州房地产开发企业房屋竣工面积为954.85万平方米，平均月竣工面积79.6万平方米，12月竣工面积最多，为253.6万平方米，远远高于其他月份。1～11月下跌28.1%，由于12月竣工面积大幅度增加，全年跌幅为25.4%（见图39）。

全年住宅竣工增速、办公楼竣工增速、商业营业用房竣工增速都呈下跌

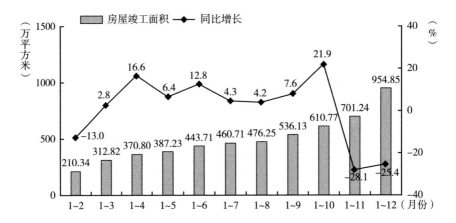

**图39　2019年贵州省房地产开发企业房屋竣工面积及同比增长**

资料来源：贵州省统计局。

趋势，跌幅最大的是商业营业用房，其次是住宅、办公楼。办公楼竣工面积增速波动比较大，9月大幅度上涨，11月大幅度下跌，全年同比下跌23.6%。住宅竣工面积增速相对于办公楼竣工面积增速比较平稳，从年初的5.3%到年底下跌24.6%。商业营业用房全年都是负增长，全年累计下跌32.3%（见图40）。

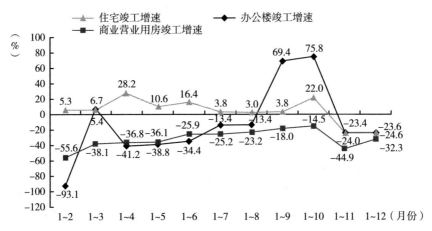

**图40　2019年贵州省房地产开发企业不同类型商品房竣工面积同比增长**

资料来源：贵州省统计局。

从竣工房屋构成来看，住宅竣工面积占比远大于办公楼竣工面积、商业营业用房竣工面积占比，办公楼占比最低，全年竣工住宅、商业营业用房、办公楼合计占比为86.5%（见图41）。

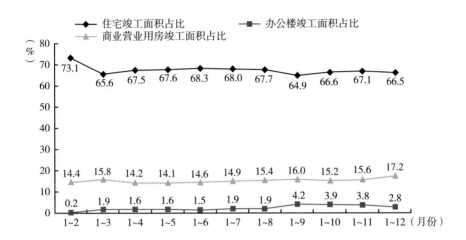

**图41 2019年贵州省房地产开发企业不同类型商品房竣工面积占比**

资料来源：贵州省统计局，笔者计算整理。

（2）纵向比较，2019年贵州房地产开发企业房屋竣工面积增速显著降低

自2015年至2019年，除2018年贵州房地产开发企业房屋竣工面积增速为正外，其他年份均显著呈负增长，2019年较2018年下降34.6个百分点。全国增速在2019年由负转正，涨幅为1.6%（见图42）。

纵向比较，房地产开发企业房屋竣工面积包括住宅竣工面积、办公楼竣工面积、商业营业用房竣工面积及其他面积，2003～2019年住宅、办公楼、商业营业用房竣工面积占比平均值分别为71.6%、2.4%、13.0%，平均占比合计87%。2019年住宅竣工面积占比低于平均水平，商业营业用房、办公楼竣工面积占比均高于平均水平（见图43）。

横向比较，2019年贵州房地产开发企业房屋竣工面积增速排第28位，增速大于全国增速的有11个省份，有12个省份正增长，增速最快的是山西的94.6%，其后为广东的30.7%、云南的27.4%，跌幅最大的是西藏

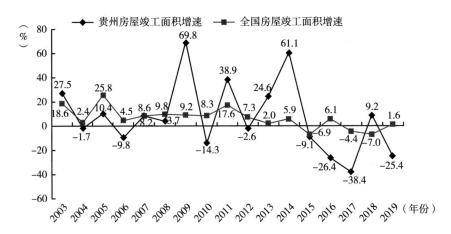

**图42　2003～2019年房地产开发企业房屋竣工面积增速比较**

资料来源：国家统计局，笔者计算整理。

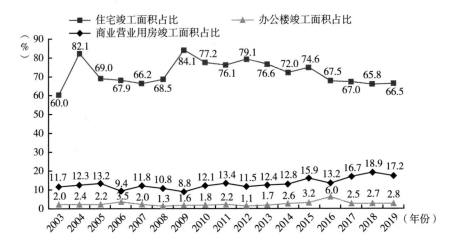

**图43　2003～2019年贵州房地产开发企业房屋竣工面积构成**

资料来源：国家统计局，笔者计算整理。

（-62.2%），其次是青海（-58.3%）（见图44）。

7. 2019年贵州房地产开发企业房屋施工面积增速大幅上涨，高于全国增速

（1）基本情况

2019年末，贵州房地产开发企业房屋施工面积为27775.1万平方米，

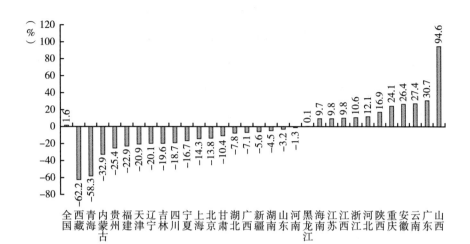

**图44　2019年中国不同省份房地产开发企业房屋竣工面积增速排序**

资料来源：国家统计局，笔者计算整理。

当年增加的施工面积为8642.6万平方米，月均增加720.2万平方米，月度增加最大为7月的1473.1万平方米，其次是6月的1106.2万平方米，全年同比增长26.5%（见图45）。

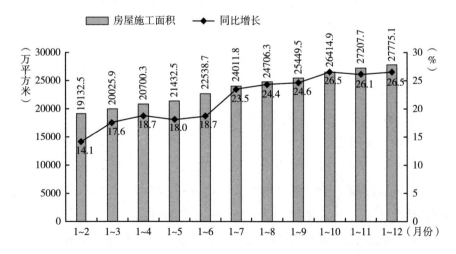

**图45　2019年贵州省房地产开发企业房屋施工面积及增速**

资料来源：贵州省统计局。

2019 年，贵州房地产开发企业不同类型商品房施工面积增速见图 46。办公楼施工面积增速与商业营业用房施工面积增速均低于房地产施工面积增速，商业营业用房施工面积增速最低，全年增速低于 10%，但小幅度上升，从年初的 −0.9% 上涨到 8.4%，低于房地产施工面积增速 18.1 个百分点。住宅施工面积从 2 月起一直呈增长状态，全年上涨 31.8%。办公楼施工面积增速小于房地产施工面积增速，全年上涨 10.2%。

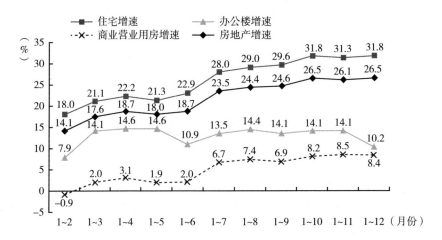

**图46　2019 年贵州房地产开发企业不同类型商品房施工面积增速比较**

资料来源：国家统计局，笔者计算整理。

从施工构成来看，住宅、办公楼、商业营业用房占比相对比较稳定，三者占比全年合计 84.6%，与年初的 84.7% 基本一致（见图 47）。

（2）纵向比较，2019 年贵州房地产开发企业房屋施工面积增速大幅度上升，高于全国水平

2003～2019 年，贵州省房地产开发企业房屋施工面积增速平均值为 18.5%，同期全国为 14.4%。增速从 2013 年持续放缓，2016 年贵州第一次出现负增长，近三年来持续上涨至 26.5%（见图 48）。

（3）纵向比较，2019 年贵州房地产开发企业办公楼施工面积占比处于近 5 年最低水平

2003～2019 年，住宅、商业营业用房、办公楼施工面积占比平均值分

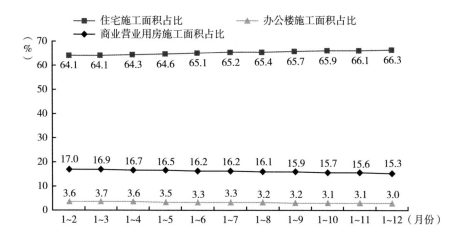

**图47 2019年贵州省房地产开发企业房屋施工面积构成**

资料来源：国家统计局，笔者计算整理。

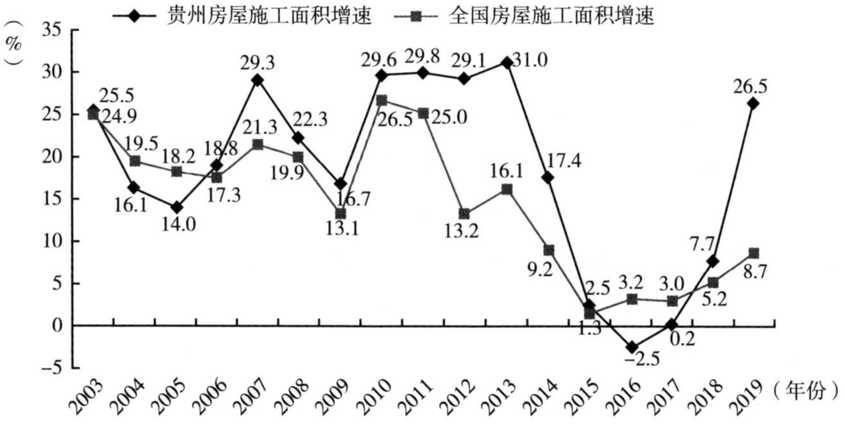

**图48 2003～2019年贵州和全国房地产开发企业房屋施工面积增速比较**

资料来源：国家统计局，笔者计算整理。

别为71.5%、14.8%、3.3%。住宅施工面积占比从2009年开始呈下滑趋势，到2017年为62.7%，是历史最低水平，此后缓慢回升，2019年为66.3%。商业营业用房施工面积占比从2009年开始每年小幅度上涨，到2017年上涨到19.2%，是历史最高水平，此后缓慢下跌，2019年下跌至

15.3%。办公楼施工面积占比从 2011 后逐年增加，到 2015 年上涨到 4.1%，此后缓慢下跌至 2019 的 3.0%，低于办公楼施工面积占比平均值（见图 49）。

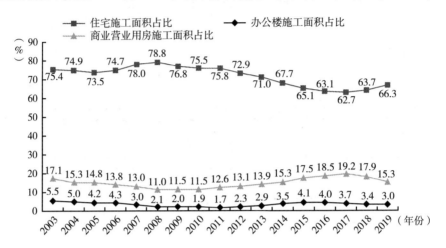

**图 49　2003～2019 年贵州房地产开发企业房屋施工面积构成**

资料来源：国家统计局，笔者计算整理。

（4）横向比较，2019 年贵州房地产开发企业施工面积增速排全国第 2 位

2019 年房地产开发企业施工面积增速的全国水平为 8.7%，高于全国水平的有 15 个省份。增速最高的是西藏的 113.1%，其后是贵州的 26.5%，云南的 20.7%；最低的为海南的 -3.7%，其后为北京的 -3.5%、宁夏和辽宁的 -1.8%。贵州在周边省份中位居第一（见图 50）。

（5）横向比较，2019 年贵州房地产开发企业商业营业用房施工面积占比排第 5 位

2019 年房地产开发企业商业营业用房施工面积占比的全国水平为 11.2%，不低于全国水平的有 19 个省份，陕西与全国水平持平，最高为新疆的 21.2%，其后是青海的 17.1%、内蒙古的 16.7%；最低的是北京的 8.4%，其后是河北的 8.5%、广东的 9.0%。贵州排第 5 位，高于全国水平 4.1 个百分点。

与周边省份比较，贵州占比最高，云南为 13.7%，重庆和湖南均为 12.4%，四川为 11.6%，广西为 9.5%（见图 51）。

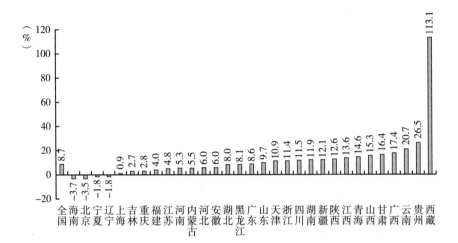

**图50 2019年中国不同省份房地产开发企业房屋施工面积增速排序**

资料来源：国家统计局，笔者计算整理。

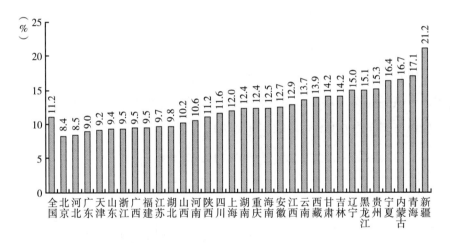

**图51 2019年中国不同省份房地产开发企业商业营业用房施工面积占比排序**

资料来源：国家统计局，笔者计算整理。

8. 2020年贵州房地产去库存压力大于2019年

（1）2019年贵州商品房库存压力指数高于2018年，低于全国平均水平

无论是从全国还是从贵州的层面看，2019年商品房库存压力指数均大于2018年，说明2020年商品房去库存压力也很有可能大于2019年。

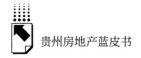

1999～2019 年贵州商品房库存压力指数平均值为 2.1，全国为 2.7。2019 年贵州商品房的库存压力指数为 2.22，高于贵州历年平均水平（见图 52）。

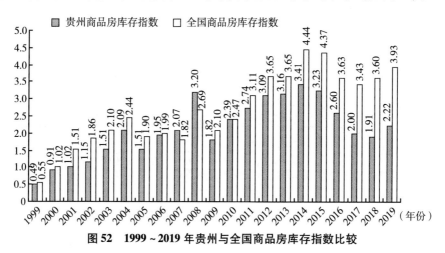

**图 52 1999～2019 年贵州与全国商品房库存指数比较**

资料来源：国家统计局，笔者计算整理。

（2）2019 年贵州商品住宅库存指数显著回升，涨至 0.28

1999～2019 年商品住宅库存指数平均值，全国为 1.7、贵州为 1.0；2019 年无论是全国层面，还是贵州省，商品住宅库存指数均增加，说明商品房住宅去库存力度有待继续加强（见图 53）。

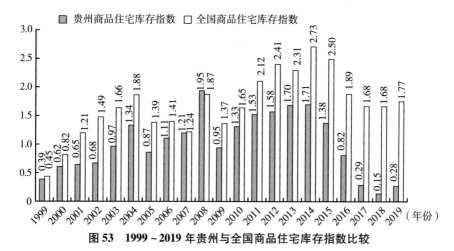

**图 53 1999～2019 年贵州与全国商品住宅库存指数比较**

资料来源：国家统计局，笔者计算整理。

# 二 2020年贵州房地产市场预测

## （一）影响房地产市场的区域经济环境和房地产政策分析

### 1. 区域经济环境

2020年贵州省政府工作报告要求：地区生产总值增长8%左右；常住人口城镇化率达到50%；城镇新增就业75万人，城镇、农村居民人均可支配收入分别增长9%左右和10%左右。2020年是全面建成小康社会和"十三五"规划收官之年，新型城镇化建设的深入推进以及城乡融合发展体制机制和政策的健全，将继续推动农村劳动力向城镇转移。

2003～2017年是贵州经济发展的黄金时期，贵州GDP呈现两位数增长。贵州GDP在2007年和2011年出现两个高峰，全国GDP在2007年为最高增速。全国GDP在2010年后逐年下降，贵州GDP在2011年后逐年下降，一直下降到2019年8.3%，是2000年以来的最低增速（见图54）。可以预计，贵州经济增长恢复到两位数的概率极低。

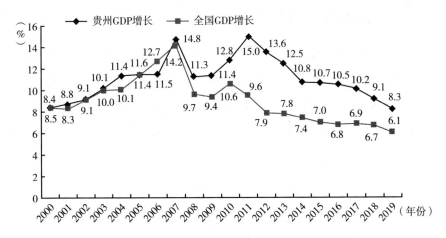

**图54　2000～2019年贵州和全国GDP增长**

资料来源：国家统计局网站，作者计算整理。

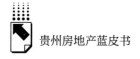

2. 房地产政策

2019 年中央经济工作会议指出：要加大城市困难群众住房保障工作，加强城市更新和存量住房改造提升，做好城镇老旧小区改造，大力发展租赁住房。要坚持房子是用来住的、不是用来炒的定位，全面落实因城施策，稳地价、稳房价、稳预期的长效管理调控机制，促进房地产市场平稳健康发展。

2020 年政府工作报告指出：在疫情防控常态化前提下，深入推进新型城镇化。要发挥中心城市和城市群综合带动作用，培育产业、增加就业。坚持"房住不炒"的定位，因城施策，促进房地产市场平稳健康发展。完善便民、无障碍设施，让城市更宜业宜居。

## （二）贵州房地产需求分析

房地产需求由增量需求和存量需求构成。2020 年贵州新增加就业 75 万人，其潜在增量住房需求约 2000 万平方米；由于疫情影响及贵州 GDP 增速下降的双重冲击，房地产存量需求将大幅下降。预期 2020 年贵州商品房销售面积增速明显低于 2019 年。

## （三）贵州房地产供给分析

2019 年贵州商品房库存指数增加、土地购置面积增速下降，加之疫情影响，2020 年贵州房地产开发企业房屋新开工面积增速将大幅降低。

总之，2020 年，受疫情影响和贵州经济增长放缓，预计贵州房地产供给和需求进一步回落，商品房销售面积、销售价格等增速明显低于 2019 年。

# 土 地 篇

**Report on Land**

**B.2**

# 贵州土地市场分析与展望（2019）

夏刚　贺琨*

**摘　要：** 贵州省强化土地要素精准供给，推进了城镇低效用地再开发，促进土地节约集约利用，依然延续划拨与出让方式供应齐头并进的供应形态，供应总量及宗地数保持增长，市场化程度进一步提高，土地要素为夺取脱贫攻坚决战之年根本性胜利提供了坚实的自然资源要素支撑保障，全省各类土地要素出让平均用地供应价格整体呈上涨趋势。

**关键词：** 土地市场　土地出让收入　房地产开发用地

* 夏刚，博士，硕士研究生导师，贵州省房地产研究院副院长，研究方向为房地产经济管理；贺琨，中国土地估价师与土地登记代理人协会土地估价行业青年专家，中级经济师，测绘工程师，注册土地估价师，土地登记代理人，房地产评估师，房地产经纪人，贵州君安房地产土地资产评估公司总经理。

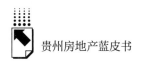
# 一 贵州省土地要素市场分析

2019 年，贵州省强化土地要素精准供给，认真落实贫困地区差别化用地支持政策，优先保障重大基础设施、脱贫攻坚、产业发展、民生保障、农业等十二大特色优势产业、十大千亿级工业产业振兴以及"补短板、强基础、稳投资"等建设项目用地，推进城镇低效用地再开发，促进土地节约集约利用，推动盘活了贵州师范大学、中医药大学等高校旧校区土地，推进了 77 条高速公路服务区、收费站、重要节点等土地综合开发，盘活了存量土地供应，依然延续划拨与出让方式供应齐头并进的供应形态，供应总量及宗地数保持增长，土地要素作为全省经济持续加速发展和城市基础设施配套完善的基本要素，为夺取脱贫攻坚决战之年根本性胜利提供了坚实的自然资源要素支撑保障，全省各类土地要素出让平均用地供应价格整体呈上涨趋势。

## （一）2019年贵州土地要素市场运行态势分析回顾

1. 土地供应总量、宗地数有所提升

2019 年，为适应贵州经济社会高速发展的需要，全省大力盘活存量土地，对批而未供土地、闲置土地、城镇低效用地，落实建设用地"增存挂钩"机制，努力提升用地供地效率，全省供应国有土地 7180 宗，总面积 20800.53 公顷，同比增长 30.65%，其中出让土地 9445.49 公顷，划拨土地 11041.35 公顷（见图 1）。

2. 房地产开发用地供应持续回升，其中住宅用地占比较大

2019 年贵州房地产开发用地供应总量延续 2018 年回升态势，增长到 7376.27 公顷，其中，商服用地供应面积 1995.48 公顷，占房地产开发用地供应总量的 27%，同比上升 53.51%；住宅用地供应面积提升至 5380.8 公顷，占房地产开发用地供应总量的 73%，是历年供应住宅用地最多的一年（见图 2）。

2019 年住宅用地供应内部结构显示，普通商品住宅用地 4299.12 公顷（中低价位中小套型普通商品住房用地 85.5 公顷，其他普通商品住房用地

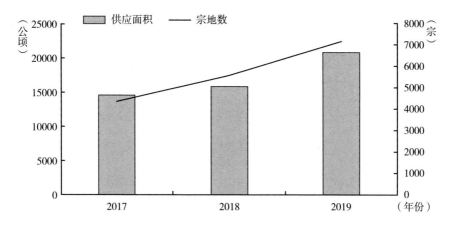

**图1　2019年贵州省土地供应变化**

资料来源：《2019年贵州省自然资源公报》。

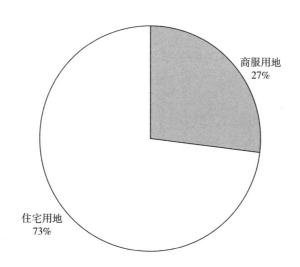

**图2　2019年贵州省房地产开发用地供应结构**

资料来源：《2019年贵州省自然资源公报》。

4213.62公顷，分别占住宅用地供应总量的1.59%、78.31%），经济适用住房用地656.87公顷，占住宅用地供应总量的12.21%，廉租住房用地6.66公顷，占住宅用地供应总量的0.12%，公共租赁住房用地357.4公顷，占住宅用地供应总量的6.64%，具体见图3。

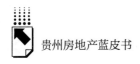

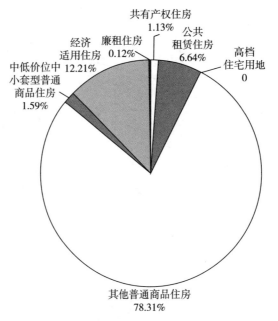

**图3　2019年贵州省住宅用地供应内部结构**

资料来源：《2019年贵州省自然资源公报》。

3. 各类用地供应均同比大幅增长

2019年全省供应住宅用地2752宗、5380.8公顷，占供地总量的25.87%，供应同比增长25.62%；工矿仓储用地789宗、3366.4公顷，占供地总量的16.18%，同比增长23.19%；商服用地1499宗、1995.47公顷，占供地总量的9.59%，同比增长53.51%；其他用地（包括公用设施、公共建筑、基础设施、交通运输、水利设施、特殊用地等）2140宗、10057.85公顷，占供地总量的48.35%，同比增长32.26%（见图4）。

4. 延续划拨与出让方式供应齐头并进的供应形态

2019年贵州省土地要素市场依然延续划拨与出让方式供应齐头并进的供应形态。划拨供应仍然是主要供应方式，占供地总量的55%，供应面积达11355.04公顷，同比增长27.35%，出让方式供应量为9445.49公顷，其中招拍挂出让9179.69公顷，协议出让265.8公顷，供应比例占供地总量的45%（见图5）。

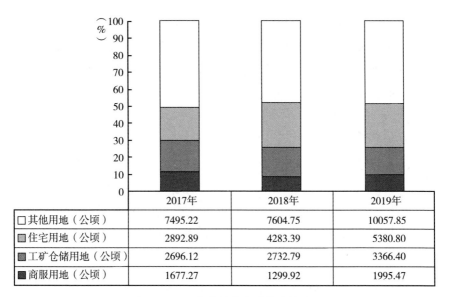

| | 2017年 | 2018年 | 2019年 |
|---|---|---|---|
| □其他用地（公顷） | 7495.22 | 7604.75 | 10057.85 |
| ▨住宅用地（公顷） | 2892.89 | 4283.39 | 5380.80 |
| ▨工矿仓储用地（公顷） | 2696.12 | 2732.79 | 3366.40 |
| ■商服用地（公顷） | 1677.27 | 1299.92 | 1995.47 |

**图4　2019年贵州省土地供应结构**

资料来源：《2019年贵州省自然资源公报》。

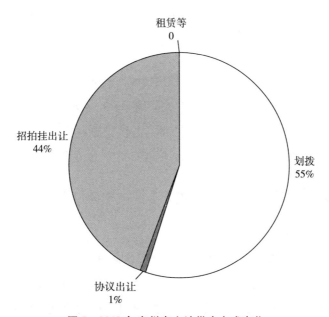

**图5　2019年贵州省土地供应方式变化**

资料来源：《2019年贵州省自然资源公报》。

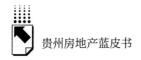
5. 土地出让平均住宅用地供应价格上涨趋势明显

贵州省土地出让供应市场平均供应单价总体呈逐年上涨态势，2019年，全省住宅用地、商服用地、工矿仓储用地平均地价分别为2636元/平方米、1817元/平方米、280元/平方米（见图6）。

**图6 2013~2019年贵州省各类用地出让收入平均单价变化**

资料来源：《2019年贵州省自然资源公报》。

6. 土地要素出让收入大幅增长，招拍挂收入占总比最大

2019年土地要素出让收入成交价款1609.11亿元，同比增长67.26%。其中招拍挂方式出让收入1553.27亿元，占供应总收入的96.53%；协议方式出让收入55.84亿元，占供应总收入的3.47%（见图7）。

## （二）2019年贵州各市（州）土地市场运行态势分析回顾

1. 土地年度供应分析

从2019年贵州省各市（州）年度供应量来看，供应土地总量为20800.53公顷，其中遵义市年度土地供应量依然居首，达3775.76公顷，占全省供应总量的18.15%；第二名是黔南州，年度土地供应量为3411.01公顷，占全省供应总量的16.4%。除黔西南州同比减少外，其余市（州）均有增长（见图8）。

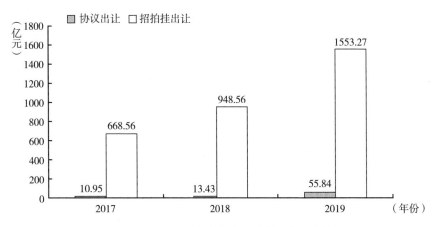

**图7　2017～2019年贵州省土地供应收入比较**

资料来源：《2019年贵州省自然资源公报》。

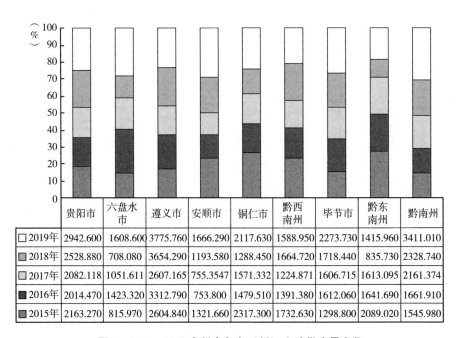

| | 贵阳市 | 六盘水市 | 遵义市 | 安顺市 | 铜仁市 | 黔西南州 | 毕节市 | 黔东南州 | 黔南州 |
|---|---|---|---|---|---|---|---|---|---|
| □2019年 | 2942.600 | 1608.600 | 3775.760 | 1666.290 | 2117.630 | 1588.950 | 2273.730 | 1415.960 | 3411.010 |
| ▨2018年 | 2528.880 | 708.080 | 3654.290 | 1193.580 | 1288.450 | 1664.720 | 1718.440 | 835.730 | 2328.740 |
| □2017年 | 2082.118 | 1051.611 | 2607.165 | 755.3547 | 1571.332 | 1224.871 | 1606.715 | 1613.095 | 2161.374 |
| ■2016年 | 2014.470 | 1423.320 | 3312.790 | 753.800 | 1479.510 | 1391.380 | 1612.060 | 1641.690 | 1661.910 |
| ▨2015年 | 2163.270 | 815.970 | 2604.840 | 1321.660 | 2317.300 | 1732.630 | 1298.800 | 2089.020 | 1545.980 |

**图8　2015～2019贵州省各市（州）土地供应量变化**

注：数据单位为公顷。

资料来源：《2019年贵州省自然资源公报》。

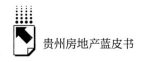

从2019年各市（州）房地产开发用地供应宗地数、供应数量来看，遵义市、黔南州继续蝉联全省一、二名，贵阳市、毕节市供应宗地数、供应数量仍然保持较高水平（见图9）。

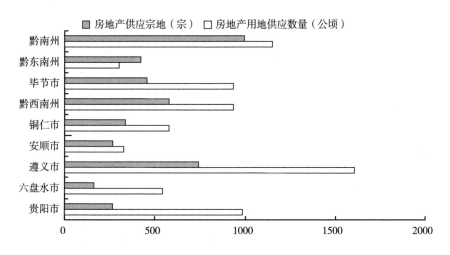

**图9　2019贵州省各市（州）房地产供应宗地数及供应量**

资料来源：《2019年贵州省自然资源公报》。

2. 土地收入分析

2019年，全省土地出让收入成交价款1609.11亿元，同比增长67.26%。成交价款金额位列全省前三位的市（州）：贵阳市565.75亿元、遵义市372.55亿元、毕节市154.83亿元，分别占全省总价款的35.16%、23.15%、9.62%，其中贵阳、遵义两市成交价款之和超过全省总成交价款的55%，达58.31%。成交价款同比增长增幅较大的市（州）是贵阳市、六盘水市、遵义市，分别同比增长97.82%、83.74%、70.8%（见图10）。

## （三）2019年贵阳市房地产市场土地供应分析

2019年贵阳市聚焦转型升级，推动实体经济做大做强，改革红利加快释放。供给侧结构性改革持续深化，整体经济运行健康平稳，质量效益稳步提升，交通设施更加完善。聚焦宜居宜业，大力提升城市能级品质。空间布

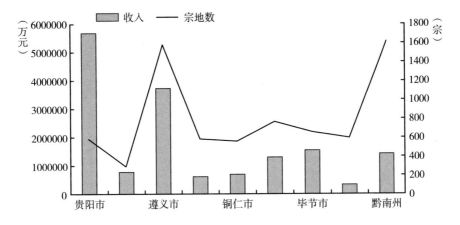

**图10　2019年贵州省部分市（州）土地供应及收入变化**

资料来源：《2019年贵州省自然资源公报》。

局持续优化。坚持土地要素供应服务于各行各业的建设需求，保障各项重大民生项目的推进和完善，聚焦创新驱动，加快推进中国数谷建设。

1. 土地供应规模和供应总量仍保持增长

2019年贵阳市供应国有建设用地575宗，供应总量为2942.6公顷，供应总量同比增长16.36%（见图11）。可见，近年来贵阳市针对"实体经济发展需转型升级，聚焦新兴产业发展，城市功能配套不完善，城市品质品位不够高"的自我认知，努力加速转型发展实体经济，推进和完善城市基础设施建设，不断壮大大数据产业，同时，为经济发展提供基本要素的土地供应规模和供应总量也与经济发展相协调，保持较快增长。

2019年贵阳市供应其他用地（公共管理与公共服务用地、特殊用地、交通运输用地、水域及水利设施用地、其他土地）达1158.23公顷，占全年国有建设用地供应总量的39%；住宅用地供应大幅增加达815.16公顷，占全年国有建设用地供应总量的28%；工矿仓储用地供应达800.44公顷，占全年国有建设用地供应总量的27%；供应商服用地168.76公顷，占全年国有建设用地供应总量的6%（见图12）。可见，住宅用地、工矿仓储用地受存量土地的挖掘、基础设施改善、加速转型发展实体经济等共同影

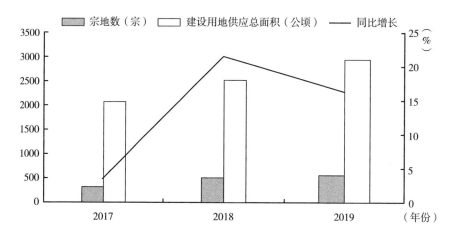

**图 11　2017～2019 年贵阳市国有建设用地宗地数、供应总量及增速**

资料来源：《2019 年贵州省自然资源公报》。

响，供应出现较大增长，其他用地虽然供应比例减少，但绝对量依然保持
稳定。

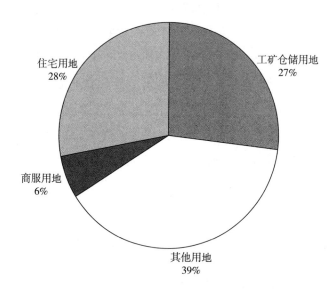

**图 12　2019 年贵阳市国有建设用地供应结构**

资料来源：《2019 年贵州省自然资源公报》。

### 2. 房地产开发用地供应总量中住宅用地供应出现较大增长

2019 年贵阳市房地产开发用地供应总量出现较大增长，为 983.92 公顷，同比增加 62.21%，占土地供应总量的比例为 33.44%。其中商服用地供应 168.76 公顷，同比增加 5.31%，占到房地产开发用地（商服用地和住宅用地）供应量的 17.15%；住宅用地供应 815.16 公顷，同比增长 82.64%，占到房地产开发用地（商服用地和住宅用地）供应量的 82.85%。对比三年房地产开发用地内部结构可见，住宅用地供应出现较大增长（见图 13、图 14）。

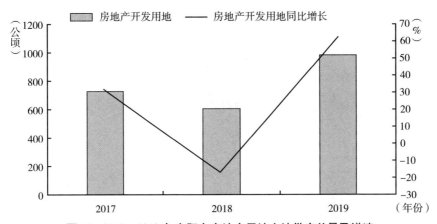

**图 13　2017～2019 年贵阳市房地产用地土地供应总量及增速**

资料来源：《2019 年贵州省自然资源公报》。

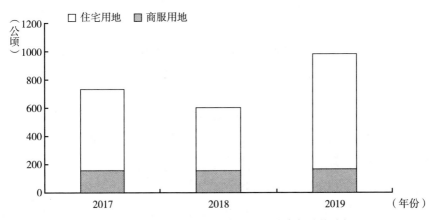

**图 14　2017～2019 年贵阳市房地产用地内部结构分析**

资料来源：《2019 年贵州省自然资源公报》。

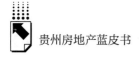

3. 住宅用地中以其他普通商品住房用地供应为主

2019 年贵阳市住宅用地供应以其他普通商品住房用地为主，供应比例为 90.61%；其次为公共租赁住房用地，供应比例为 4.54%；经济适用住房用地、中低价位中小套型普通商品住房用地、廉租住房用地供应比例分别为 3.45%、1.04%、0.37%（见图 15）。

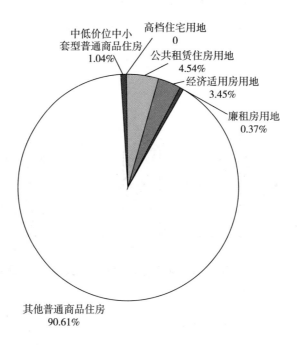

**图 15　2019 年贵阳市住宅用地土地供应类型**

资料来源：《2019 年贵州省自然资源公报》。

从 2019 年住宅用地区域分布对比来看，贵阳市中心城区仍为主要土地供应区域，双龙新区、贵安新区、清镇市、修文县等中心城区的周边区县，住宅用地供应持续增长（见图 16）。

4. 房地产开发用地出让单价出现较强上扬

2019 年贵阳市房地产开发用地平均出让单价为 5690 元/平方米，同比增长 26.08%。其中，商服用地平均出让单价为 4002 元/平方米，同比下降

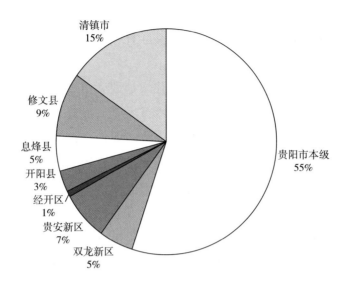

**图16 2019年贵阳市各区域住宅用地供应情况**

资料来源：《2019年贵州省自然资源公报》。

9.04%；住宅用地平均出让单价为6080元/平方米，同比增长33.52%（见图17）。

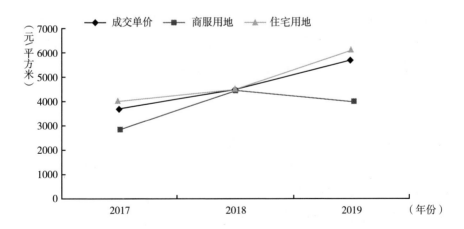

**图17 2017～2019年贵阳市房地产开发用地内部结构单价变化**

资料来源：《2019年贵州省自然资源公报》。

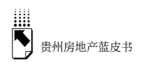
## 二 2019年贵州省土地要素供应市场体制建设基本情况

2019年贵州土地要素供应市场强化土地要素精准供给，认真落实贫困地区差别化用地支持政策，优先保障重大基础设施、脱贫攻坚、产业发展、民生保障、农业等十二大特色优势产业、十大千亿级工业产业振兴以及"补短板、强基础、稳投资"等建设项目用地。推进城镇低效用地再开发，促进土地节约集约利用，推动盘活贵州师范大学、中医药大学等高校旧校区土地，推进77条高速公路服务区、收费站、重要节点等土地综合开发。全省共消化批而未供土地11.18万亩、处置闲置土地2.97万亩，分别超1倍完成国家下达任务。全省单位GDP建设用地使用面积下降5.44%。

坚持统筹推进自然资源资产产权制度改革，贵州列入国家"探索开展全民所有自然资源资产所有权委托代理机制"试点，建立省级联席会议制度，细化60条改革任务。探索开展全民所有自然资源资产清查，开展贵阳市国有土地资源资产核算国家市级试点。完成自然资源资产负债表编制，形成了2018年度国有自然资源报告并首次上报自然资源部，建立全省各级自然资源部门向同级人大常委会报告国有自然资源资产情况的长效机制。城乡建设用地市场建设加快推进，湄潭全国农村土地制度改革三项试点持续巩固深化。

贵州省"大棚房"问题如期完成整改，其中全部拆除建筑设施284个，部分拆除整改合规144个，依法依规办理农用地转用（征收）审批手续201个，完善设施农用地手续119个。扎实开展违建别墅问题清查整治专项行动，全省199个违建别墅问题已整治到位194个，整治到位率97.49%。开展联合执法监督检查，探索建立"增违挂钩"机制，狠抓年度卫片执法检查，开展违法清理整治专项行动，依法依规稳妥处理历史违法，对新增违法用地特别是违法占用永久基本农田、自然保护地等违法问题，全面"严起来"，依法依规坚决查处。

# 三　贵州土地要素市场展望

2019 年，贵州省经济社会持续稳定发展，全省进入决战脱贫攻坚和同步全面小康建设的关键时期。2020 年，贵州省将着力强化要素供给，进一步推进山地特色新型城镇化，注重精准批地供地，用好支持政策，落实好用地政策，保障农村产业发展用地，易地扶贫搬迁安置点教育、医疗配套设施等各类脱贫攻坚项目用地供应，推动实现统筹城乡区域民族地区协调发展新跨越，通过不断健全自然资源资产管理制度，强化节约集约利用，推动城镇低效用地再开发利用，深化土地资源有偿使用制度改革，全力实现贵阳贵安融合发展，完善市（州）中心城市和县城功能，推动产城互动，形成分工明确、优势互补的城镇产业发展格局，实现高质量发展。现对贵州省土地市场做如下展望。

## （一）着力强化要素供给，保障经济社会高质量发展

未来，贵州省将全力保障"六稳"项目用地，精准高效保障交通、水利、能源等重大基础设施，农业等十二大特色优势产业、十大千亿级工业产业、服务业创新发展十大工程项目等重大工程、重点项目建设用地，以及内陆开放型试验区、新型城镇化、乡村振兴以及抢险救灾、疫情防控等项目用地；同时，对于易地扶贫搬迁安置点教育、医疗配套设施等各类脱贫攻坚项目用地、农村产业发展用地，将坚持应保尽保原则，保障农业种植养殖配建的保鲜冷藏、晾晒存贮、农机库房、分拣包装、废弃物处理、管理看护等辅助设施以及生猪规模化养殖用地需求。注重精准批地供地，用好增减挂钩、增存挂钩、"规十条"等支持政策，实施"人地"挂钩制度，多方式多渠道保障用地。对各地急需以出让方式供地的经营性用地，优先审查、快捷办理、精准保障，促进经济社会高质量发展。

## （二）提高节约集约利用和保护水平

贵州省 2020 年将强化节约集约利用。落实建设用地"增存挂钩"机

制，扎实推进批而未供土地和闲置土地消化处置，协同开展政府机关、企事业单位土地及资产全面清理，有效盘活高速公路、大学旧校区、产业园区以及城市、郊区的土地资源，推进"僵尸企业"处置中土地盘活利用，推动城镇低效用地再开发利用。开展建设用地节约集约利用状况评价，确保"十三五"时期单位 GDP 建设用地使用面积下降 20%。开展建设用地地上、地表、地下分层设立使用权的研究，促进空间合理开发利用。

### （三）土地管理制度改革将继续深化

2020 年贵州省还将不断健全自然资源资产管理制度，认真落实土地计划管理方式改革，用好中央赋予省级政府更大用地自主权，切实增强土地审批供给的灵活性和精准度，实现要素跟着项目走。做好国务院授权省政府行使贵阳批次用地和永久基本农田以外的单独选址建设项目的农用地转用审批承接工作。做好土地管理水平综合评价，实行动态管理。深化土地资源有偿使用制度改革，在各市（州）选择 1~2 个县（市、区）先行推进农村集体经营性建设用地入市，出台贵州省建设用地使用权转让、出租、抵押管理实施细则，启动土地市场信用体系建设。推进城镇基准地价更新，落实基准地价备案制度。坚持"净地"出让，探索"标准地"出让，保障企业拿地后可尽快开工。探索不同工业用地类型合理转换利用和"混合用地"改革，配合做好开发区"亩产效益"综合评价。

### （四）房地产开发用地市场供应区域将进一步集中

房地产开发用地供应市场仍将坚持房子"只住不炒"的调控目标。同时，随着区域城镇化步伐的进一步加快，黔中城市群、贵阳贵安融合发展、遵义多组团连片发展的推进和各市（州）中心城市、县城功能进一步完善，人口聚集功能进一步加强，房地产开发用地供应将集中出现在上述区域。

# B.3
# 贵阳土地招拍挂调查报告（2019）

武廷方　胡蝶云*

**摘　要：** 2019 年，受国家调控政策影响，贵阳市房地产市场整体保持以稳为主，贵阳市土拍市场放出大量优质土地，吸引了众多实力房企多次争夺，同时也让许多新面孔房企落户贵阳。整体上看，在全国土地市场热度呈现前高后低态势下，贵阳市的土地市场依然精彩纷呈，主城区内的土地依然炙手可热，相比往年，土地数据环比增长，且不断有新的房企进入贵阳，贵阳的土拍市场向好。

**关键词：** 贵阳　土地市场　土地招拍挂

## 一　2019年贵阳房地产总体发展状况

### （一）贵阳市2019年经济发展总体情况

初步核算，2019 年全市实现地区生产总值 4039.60 亿元，同比增长7.4%。其中，第一产业增加值 161.34 亿元，增长 5.6%；第二产业增加值1496.67 亿元，增长 8.2%；第三产业增加值 2381.59 亿元，增长 7.0%。人均生产总值 81995 元，同比增长 5.6%（见图 1）。

三次产业结构比为 4.0∶37.0∶59.0，"三二一"结构继续呈现。与上年

---

* 武廷方，贵州省房地产研究院院长，教授；胡蝶云，贵州省房地产研究院秘书长，助理研究员。

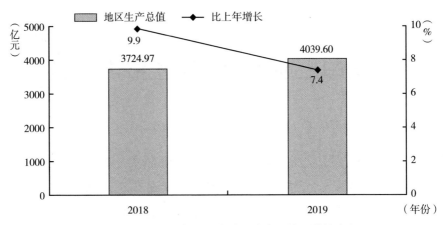

图1 2018～2019年贵阳市地区生产总值及增长速度

资料来源：贵阳市统计局。

比，第一产业比重下降0.1个百分点，第二产业比重提高0.1个百分点，第三产业比重持平。

全市建筑业增加值627.67亿元，比上年增长11.0%（见图2）。具有资质等级的总承包和专业承包建筑企业369个，资质以上建筑企业房屋建筑施工面积8598.24万平方米，比上年增长2.9%；房屋建筑竣工面积2215.40万平方米，比上年下降9.7%。

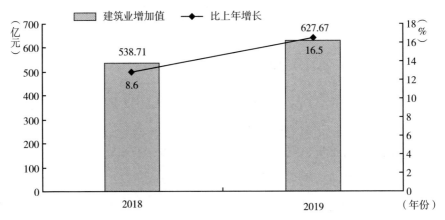

图2 2018～2019年贵阳市建筑业增加值及增长速度

资料来源：贵阳市统计局。

## （二）固定资产投资

全年固定资产投资比上年增长 1.5%。分产业看，第一产业投资下降 5.8%；第二产业投资增长 2.0%；第三产业投资增长 1.7%（见表 1）。

**表 1　2019 年贵阳市分行业固定资产投资增长速度**

单位：%

| 指标 | 比上年增长 |
|---|---|
| 固定资产投资 | 1.5 |
| 第一产业 | − 5.8 |
| 第二产业 | 2.0 |
| 第三产业 | 1.7 |

资料来源：贵阳市统计局。

全年固定资产投资到位资金比上年下降 12.8%。其中，国家预算内资金增长 1.1 倍；国内贷款下降 41.0%；自筹资金增长 2.2%；其他资金增长 1.9 倍。

全年房地产开发企业投资比上年增长 19.3%。其中，住宅投资增长 15.7%；办公楼投资增长 16.1%；商业营业用房投资增长 12.2%；其他投资增长 46.1%。商品房待售面积 106.68 万平方米，比上年末减少 40.88 万平方米，下降 27.7%，具体指标完成情况见表 2。

**表 2　2019 年贵阳市房地产主要指标完成情况**

| 指标 | 绝对数 | 比上年增长（%） |
|---|---|---|
| 本年施工面积(万平方米) | 8042.14 | 31.4 |
| 住宅 | 5217.68 | 37.4 |
| 本年新开工面积(万平方米) | 1988.19 | 45.5 |
| 住宅 | 1373.65 | 44.3 |
| 本年竣工房屋面积(万平方米) | 308.59 | 42.7 |
| 住宅 | 185.60 | 45.7 |
| 本年销售商品房面积(万平方米) | 1099.95 | − 1.7 |

续表

| 指标 | 绝对数 | 比上年增长（%） |
|---|---|---|
| 现房销售面积（万平方米） | 124.18 | 130 |
| 住宅 | 30.52 | −14.9 |
| 期房销售面积（万平方米） | 975.77 | −8.3 |
| 住宅 | 838.26 | −8.0 |
| 本年商品房销售额（亿元） | 1152.75 | 10.3 |
| 现房销售额（亿元） | 165.78 | 220 |
| 住宅 | 18.73 | −2.9 |
| 期房销售额（亿元） | 986.97 | −0.7 |
| 住宅 | 835.04 | 2.3 |

资料来源：贵阳市统计局。

# 二 2019年贵阳土地招拍挂情况

## （一）贵阳土地市场成交量呈上升趋势

2019年，房地产市场政策环境整体偏紧，房企资金面承压，全国土地市场处低温状态。但三线城市贵阳市，土拍市场仍然精彩纷呈，保持强劲势头。据贵阳房产网统计，2019年贵阳市共成交337块土地（有一块成交土地无效，不计算在内），总成交面积17293390.87平方米，总成交价5271226.46万元（约527.1亿元）。相比2018年总成交面积约1066.69万平方米和总成交价约318.28亿元，都有所增加。2019年贵阳市土地市场整体趋势都呈递增状态（见表3）。

表3 2019年贵阳市土地成交情况汇总

| 区域 | 成交块数（块） | 成交面积（平方米） | 成交金额（万元） | 成交单价（元/平方米） |
|---|---|---|---|---|
| 云岩区 | 10 | 398295.1 | 544572.5 | 13672 |
| 南明区 | 4 | 351566.2 | 552252.1 | 15708 |
| 观山湖区 | 16 | 881808.43 | 681615.9 | 7729 |

| 区域 | 成交块数（块） | 成交面积（平方米） | 成交金额（万元） | 成交单价（元/平方米） |
|---|---|---|---|---|
| 乌当区 | 14 | 532611.4 | 221870.9 | 4166 |
| 花溪区 | 31 | 1633354 | 653888.36 | 4033 |
| 白云区 | 4 | 210818.62 | 348031.9 | 16509 |
| 高新区 | 13 | 1533434.34 | 168210.2 | 1097 |
| 经开区 | 21 | 1279435.38 | 415073.70 | 3244 |
| 航空经济区（双龙） | 20 | 1692984 | 618868.8 | 3655 |
| 综保区 | 2 | 31865.4 | 16965.2 | 5324 |
| 城区总计 | 135 | 8546172.87 | 4221349.56 | — |
| 清镇市 | 67 | 2619537 | 556226.4 | 2123 |
| 息烽县 | 55 | 1397488 | 151933.4 | 1087 |
| 修文县 | 55 | 4228076 | 286783.9 | 678 |
| 开阳县 | 25 | 502117 | 54933.2 | 1094 |
| 三县一市总计 | 202 | 8747218 | 1049876.9 | — |
| 总　计 | 337 | 17293390.87 | 5271226.46 | — |

资料来源：贵州省房地产研究院。

## （二）2019年下半年贵阳市土地市场表现积极，11月土地成交块数67块，成交数最多，12月成交总价超66亿元，成交额最大

据统计，2019年全年，在成交价上，贵阳市2月、11月、12月成交额均超过60亿元，其中12月土地总成交价661245万元，为全年最高月份，第二高成交的月份11月为658320万元，第三高成交月份2月成交额为612231万元。相比全年成交低点为3月，总成交额为99997.8万元（见图3、图4）。

整体来看，2019全年贵阳市土地出让数量呈线性递增，3月成交土地最少，仅成交12块。可以看出，不论是面积还是成交价方面，土地最火热的时间都处于过年前后，年底的出让面积和成交价都有大幅增长，而全年土地市场的低潮期则主要集中在3~7月。

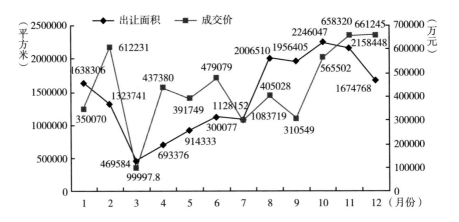

**图3　2019年贵阳市成交土地面积与价格走势**

资料来源：贵阳市国土资源市场网。

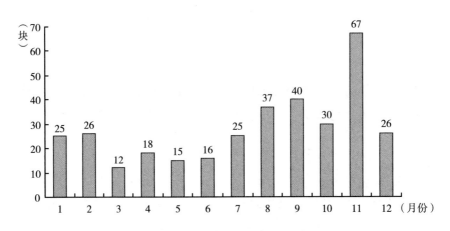

**图4　贵阳市2019年1～12月土地成交数量**

资料来源：贵阳市国土资源市场网。

## （三）郊区土地市场活跃，清镇市土地挂牌与成交最多，修文县成交面积最大

分区域来看，2019年贵阳市郊区土地市场十分活跃，跟不断在郊区拿地的大盘进驻不无关系。三县一市土地交易精彩纷呈，其中清镇市以挂牌

80 块，成交 67 块排名挂牌与成交最多的区域，修文县、息烽县不相上下。其中修文县更是以成交总面积 4228076.23 平方米成为成交面积最大的区域。无论是成交面积还是成交价，清镇市都是表现比较突出的区域，这与清镇市即将撤市设区的重大利好政策息息相关（见图 5）。

**图 5　2019 年贵阳市各区县土地成交情况**

注：此数据中成交土地大于挂牌土地数量是由 2018 年 12 月挂牌未售出地块成交导致的。
资料来源：贵阳市国土资源市场网。

对比 2018 年各区县土地实际成交情况，2019 年贵阳郊区热现象仍旧强劲领跑。2018 年主城区南明区无挂牌土地，成交 4 块为 2017 年挂牌土地，云岩区挂牌 8 块、成交 5 块。成交率为 62.5%。近郊区挂牌出让土地 90 块，成交 74 块，成交率为 82%，一市三县挂牌出让土地 168 块，成交率为 83%（见图 6）。

### （四）挂牌土地用途丰富，工业和住宅用地最多

据统计，从土地用途来看，2019 年贵阳市成交土地中，从出让面积上看，工业和住宅用地最多，占总数的 77.6%，商业用地 195.89 万平方米，占比 10.5%。

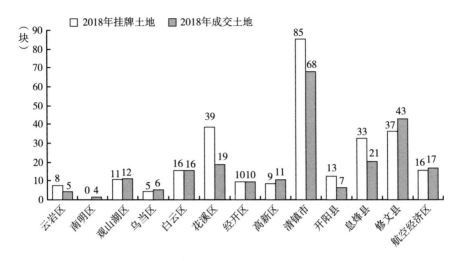

**图6 2018年贵阳市各区县土地成交情况**

注：此数据中成交土地大于挂牌土地数量是由 2017 年 12 月挂牌未售出地块成交导致的。
资料来源：贵阳市国土资源市场网。

在成交数量上，商业住宅用地则"拔得头筹"，一共成交 115 块，纯住宅用地成交 38 块，工业用地一共成交 97 块，商业用地成交 74 块，仓储物流用地成交 9 块，还有其他用地 4 块，全部共 337 块，相比 2018 年，多成交近 100 块土地。

## （五）土地用途占比情况

2019 年贵阳市土地用途占比中工业用地占比最大，占全部土地用途的一半以上，为 52%。其次为住宅占比 35%，商业用地占比 12%，其他用地占比 1%（见图 8）。

而在 2018 年，住宅用地占比位居第一，占比达 46%，工业用地占比 29%，商业用地仅占 8%，其他用地占比为 17%。2019 年工业用地比 2018 年的工业用地增加 23 个百分点，2019 年住宅用地比例为 35%，2018 年的住宅比例为 46%，2019 年降低了 11 个百分点，表明土地用途类型变化明显，但仍然保持丰富多样性（见图 9）。

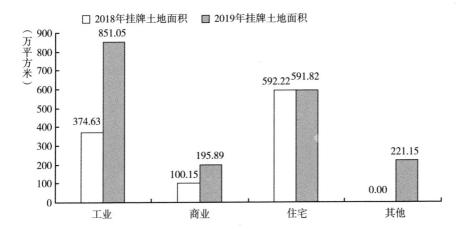

**图 7　2018～2019 年贵阳市土地挂牌面积情况**

资料来源：贵阳市国土资源市场网。

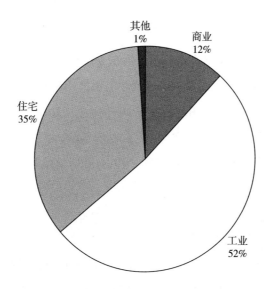

**图 8　2019 贵阳市挂牌土地用途占比**

资料来源：贵阳市国土资源市场网。

从 2019 年各区挂牌土地的用地性质细分情况来看，主城区云岩区、南明区商业用地 4 块，住宅共计 10 块，贵阳近郊区观山湖区、花溪区、乌当

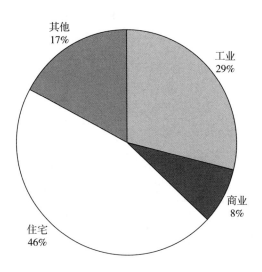

**图9 2018年贵阳市挂牌土地用途占比**

资料来源：贵阳市国土资源市场网。

区商业用地21块，比2018年共计10块商业用地多出近一倍，近郊区工业用地7块，住宅12块；与2018年比较住宅用地明显减少。清镇市住宅用地2019年为38块，位居住宅用地榜首。同样商业用地清镇市也以25块用地列第一位。在工业用地方面，2019年工业用地32块的修文县重新位居榜首。综保区用地相对较少，排名垫底。2019年用地供应主要集中在清镇市及开阳、息烽、修文等三县一市（见图10）。

郊区板块用地活跃度远大于主城区，这与近年贵阳市城市外拓发展有重要关系。无论是土地用途性质还是挂牌数量与面积均大于主城区。2019年主城区住宅挂牌面积为86.11万平方米，近郊住宅挂牌面积为221.17万平方米，远郊住宅挂牌面积282.44万平方米，分别为主城区的2.6倍与3.3倍。在商业用地方面，主城区2019年商业用地挂牌面积39.23万平方米，近郊区商业用地挂牌面积78.06万平方米，远郊区商业用地挂牌面积为77.51万平方米，郊区商业用地持续加热；工业用地方面，主城区工业用地挂牌面积37.8万平方米，郊区的工业挂牌面积再次释放，近郊区工业用地

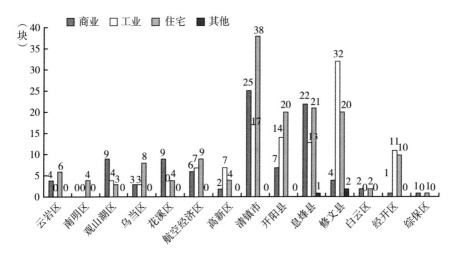

**图10 2019年贵阳市各区挂牌土地用地性质细分情况**

资料来源：贵阳市国土资源市场网。

挂牌面积为298.8万平方米，远郊区的工业用地挂牌面积为514.46万平方米，二者总量合计813.26万平方米（见图11）。

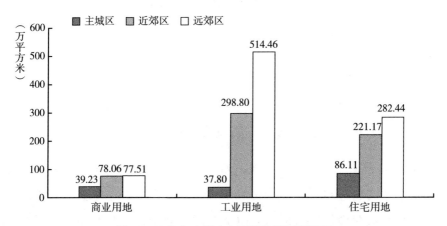

**图11 2019年贵阳市各区域挂牌面积情况**

## （六）土地出让成交金额情况

数据显示，2019年贵阳市土地出让成交金额变化较为明显，其中近郊区住宅土地的成交金额以 2035460 万元再次蝉联榜首，主城区土地的成交金额含商业用地、工业用地与住宅用地总和为 1781200.2 万元，较 2018 年的土地成交总额明显上升，表明主城区尽管土地出让有限，但因区域优势成交总额仍旧看涨。远郊区土地的成交金额为 1048884.9 万元，再次在土地成交面积上超过主城区的前提下因成交单价偏低排名第三（见图12）。

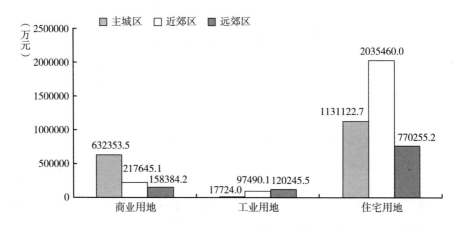

图 12　2019 年贵阳土地成交金额

# 三　2019年贵阳土地市场特点分析

## （一）土拍市场竞争激烈，区域成交金额超60亿元

2019 年贵阳土拍市场中，观山湖区、花溪区、双龙航空港经济区土拍成交金额均超过 60 亿元，观山湖区以 68 亿元成交金额排名区域第一，但观山湖区成交面积排名第八，地价之高令其他区域望尘莫及，观山湖区依然是贵阳楼市一道独特的风景线。花溪区以 653888.3559 万元的成交价排名第二；双龙航空港经济区以 618134.6735 万元的成交价排名第三。

清镇成为 2019 年贵阳楼市的一匹黑马。在成交面积上，清镇以

2619537 平方米的面积排名第二，远远超贵阳市六大主城区，同样在成交价上，清镇以 556226.4 万元的成交价排名第四，超过了老城中心的云岩区和南明区。清镇的土拍利好离不开清镇即将撤市设区的重大利好政策。

## （二）区域土拍面积超百万平方米

从成交面积上看，2019 年修文县成交面积最多，面积为 4228076.23 平方米；清镇次之，面积为 2619537 平方米；双龙航空港经济区排名第三，面积为 1702822.63 平方米；花溪区面积 1633354 平方米排名第四；高新区面积 1533434.34 平方米排名第五；息烽县 1397487.87 平方米、经开区1279435.38 平方米的成交面积分别排名第六和第七。

六大主城区中，只有花溪区跻身前五，而云岩区 398295.05 平方米、南明区 351566.22 平方米、白云区 210818.62 平方米都纷纷垫底，观山湖区881808.43 平方米、乌当区 532611.4 平方米则排名居中。在 2019 年贵阳的成交面积排行榜中，贵阳的外围区域修文县、清镇市、双龙航空港经济区、花溪区、高新区、息烽县、经开区的面积均取得了骄人的成绩，城市向外扩容已成为贵阳市发展的必然趋势。

## （三）分区域土拍特点分析

1. 2019年观山湖区出现地王，楼面价突破7000元

2019 年位于观山湖区的 G〔19〕033 号滨湖花城地块以 7639 元/平方米的楼面价被中海拿下，成为中海布局贵州的第一块地，此地成为 2019 年贵阳土地市场的"地王"。万科拿下的 G〔19〕093 号地块，成交楼面价为5421 元/平方米，云天置业有限公司拿下的 G〔19〕002 号地块，成交楼面价为 4524 元/平方米，金茂夺下 G〔19〕092 号地块，成交楼面价为 4081元/平方米。

数据统计显示，2019 年楼面价突破 7000 元/平方米以上的地块有 4 块，分别在观山湖区、双龙航空港经济区、云岩区和白云区等四个区域中诞生，

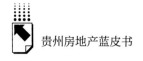
由此贵阳土拍市场已全面突破 7000 元/平方米的楼面价大关。

2. 云岩区"三马片区"成为品牌房企争夺的"香饽饽"

三马片区是连接云岩区和观山湖区中间地带，三马片区离传统市中心更近，地理位置十分优越，集核心地段、交通、商业、一流配套于一身，2019年国内大牌房企如新城、万科、远洋等纷纷入驻拿地，本土老牌房企也不甘落后，加剧了三马片区的拿地竞争。其中 G〔19〕091 号地块以 7234 元/平方米被贵阳恒峰房地产开发有限公司拿下，该地块位于贵阳云岩区中山西路与人民大道北段交叉口，地理位置十分优越。G〔19〕001、G〔19〕014、G〔19〕056、G〔19〕017 号地块均位于云岩三马片区，分别以 6000 元/平方米、6000 元/平方米、4291 元/平方米、2959 元/平方米的楼面价成交，其中 G〔19〕001 号地块被远洋地产拿下，G〔19〕056 号地块被龙湖企业夺得，云岩 G〔19〕076、G〔19〕077、G〔19〕078 三块地被贵州地产龙头企业中天城投拿下。

3. 白云区受益于观山湖区，土拍市场节节高

2019 年位于白云区黑石头村的 G〔19〕030 和 G〔19〕055 号两块地，与观山湖的滨湖花城地块相距仅 2 公里。受益于观山湖区区域配建的成熟和完善，其中 G〔19〕030 号地块以 7053 元/平方米的楼面价被华润置地拿下。

4. 南明区老城实力不容小觑

2019 年南明区的 G〔19〕062 号地块被中铁拿下，该地块位于南明区后巢乡四方河村，楼面成交价为 5487 元/平方米，而金地拿下位于贵阳市南明区后巢乡后巢村的 G〔19〕013 号地块，以 5140 元/平方米的楼面价成交，成为金地入黔的首子。

5. 花溪区土拍表现平稳，成交面积名列前茅

花溪区的楼面价整体表现平稳，楼面价在 2000～3000 元/平方米内的地块有 15 块，占到总地块的 55%。从成交面积看，商业、住宅用地中，花溪区以 1154977 平方米成为成交面积最大的区域。

6. 本土房企中天入驻乌当，土拍市场升温明显

2019 年贵阳市本土房企老大中天拿下乌当区 G〔19〕082、G〔19〕081、G〔19〕079、G〔19〕083、G〔19〕085、G〔19〕080、G〔19〕084 号地块，以上七个地块均位于乌当区新天社区奶牛场，此举将进一步加速乌当区的房地产市场发展，此外乌当区东风镇乌当村的 G〔19〕018、G〔19〕019 号地块被贵阳弘颐康养老产业投资有限公司夺下，为 2020 年乌当区的房地产康养项目发展开辟了新的路径。

7. 融创城首次进驻经开区

2019 年贵阳经开区成交的楼面价最高 2484 元/平方米，最低达到 1480 元/平方米。说明经开区的成交楼面价尚处整个贵阳市土拍市场的低端位置，融创首次拿下位于经开区小孟社区红艳村的 G〔19〕052、G〔19〕053、G〔19〕051 号地块，这也是融创 2019 年在贵阳唯一一次拿地，该地将成为融创在贵阳打造的第一个融创城项目。此举将缩短经开区与贵阳市其他区域的土拍市场价格差距。

8. 高新区成为贵阳土地市场价格洼地

2019 年，高新区的成交楼面价成为贵阳市各区域中的价格洼地，其中贵州天亿置业有限公司拿下 G〔19〕005、G〔19〕004 号地块，楼面价最低，另外三块地则被贵阳白云工业发展投资有限公司取得。

9. 双龙航空港经济区总价第一

2019 年，双龙航空港经济区以 315145.7553 万元的成交价排在第一位；白云区以 239156.6 万元排名第二；清镇以 210837 万元排名第三；开阳以 42844 万元排名第四；乌当以 30348.0278 万元排名第五；综合保税区以 9343.96785 万元排名第六；息烽以 5089.2 万元排在最后。

## （四）综述

2019 年贵阳市工业用地面积突出，成交面积最多的是工业用地，面积 7589764.82 平方米；其次是商业、住宅用地，其中，住宅用地 1410224.71 平方米，商业用地 1217218.7 平方米；仓储物流用地 482719.06 平方米；加

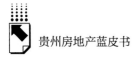
油加气用地 67764.59 平方米；交通枢纽用地 45476.63 平方米；旅馆用地 9838.9 平方米。

2019 年的贵阳房地产市场迎来了中梁、中海、金地等品牌房企的加入，加上碧桂园、华润、中铁、美的、龙湖、旭辉、首开等实力房企的积淀，贵阳的城市面貌在不断完善与发展，贵阳的建筑也在发生着质的飞跃，期待 2020 年的贵阳土拍带来更多的惊喜与精彩。

# 住房保障篇

**Report on Housing Security**

## B.4
## 2019年贵州省住房公积金运行分析

张世俊*

摘　要： 2019年，贵州省住房公积金保持了健康稳定的发展，缴存覆盖面进一步扩大，提取和贷款业务规范有序推进，风险控制不断增强，归集额和增值收益都有一定幅度的增长，整体运行良好。贵州坚持发展住房公积金，改革和完善制度的问题和不足。积极督促指导各地建设住房公积金综合服务平台，目前贵州省各中心已基本建成住房公积金综合服务平台，为职工提供门户网站、网上办事大厅、手机客户端、微信、支付宝等多种服务渠道，进一步提升服务效率和服务水平，贵州省经济在连续多年高位运行基础上继续保持良好发展势头。同时，住房公积金健康发展，产生了较好的社会经济效益。

* 张世俊，贵州省人民政府参事，高级经济师，曾任贵州省住房资金监督管理办公室副主任，第九届贵州省政协委员。

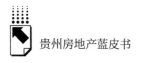

**关键词：** 贵州省　住房公积金　个人住房贷款

2019 年，贵州省坚持以脱贫攻坚统揽经济社会发展全局，牢牢守好发展和生态两条底线，强力推进三大攻坚战，深入实施三大战略行动，加快建设三大国家级试验区，坚决落实"六稳"要求，突出抓重点、补短板、强弱项，有效应对风险挑战、顶住下行压力，贵州省经济在连续多年高位运行基础上继续保持良好发展势头。同时，住房公积金健康发展，产生了较好的社会经济效益。

## 一　公积金缴存使用情况

2019 年，贵州省住房公积金缴存和使用都保持了健康稳定的发展，各项指标完成情况都较好。主要表现在：制度覆盖面不断扩大，缴存额进一步保持较快的增长；个人贷款发放稳步增长，个贷率稳定在较高的水平；等等。

### （一）缴存总额

截至 2019 年 12 月，贵州省住房公积金缴存总额为 24693289.78 万元，较上年同期增长 15.36%。各地缴存总额分别为：贵阳市 6652408.73 万元，较上年同期增长 18.60%；遵义市 4004030.79 万元，较上年同期增长 22.79%；安顺市 1354027.65 万元，较上年同期增长 18.24%；六盘水市 1775128.13 万元，较上年同期增长 16.11%；黔南州 2032147.46 万元，较上年同期增长 20.86%；黔东南州 2248501.43 万元，较上年同期增长 21.02%；黔西南州 1506285.18 万元，较上年同期增长 21.69%；铜仁市 1680045.06 万元，较上年同期增长 21.44%；毕节市 1980991.11 万元，较上年同期增长 19.40%；省直 1358945.80 万元，较上年同期增长 21.72%，贵安新区 100778.44 万元，较上年同期增长 42.50%。

### （二）当年归集额

2019 年归集额为 4142106.62 万元，与上年归集额相比增加 542390.41 万元，增幅为 15.07%。各地归集情况为：贵阳市归集 1043076.92 万元，与上年归集额相比增加 110491.10 万元，增幅为 11.85%；遵义市归集 743099.53 万元，与上年归集额相比增加 148412.54 万元，增幅为 24.96%；安顺市归集 208846.15 万元，与上年归集额相比增加 14571.74 万元，增幅为 7.50%；六盘水市归集 246313.07 万元，与上年归集额相比增加 26962.02 元，增幅为 12.29%；黔南州归集 350781.55 万元，与上年归集额相比增加 39119.47 万元，增幅为 12.55%；黔东南州归集 390558.20 万元，与上年归集额相比增加 41919.94 万元，增幅为 12.02%；黔西南州归集 268458.31 万元，与上年归集额相比增加 53220.43 万元，增幅为 24.73%；铜仁市归集 296580.87 万元，与上年归集额相比增加 32891.78 万元，增幅为 12.47%；毕节市归集 321843.41 万元，与上年归集额相比增加 13798.70 万元，增幅为 4.48%；省直归集 242490.74 万元，与上年归集额相比增加 64583.50 万元，增幅为 36.30%；贵安新区归集 30057.87 万元，与上年归集额相比增加 3150.48 万元，增幅为 11.71%。

### （三）缴存余额

截至 2019 年 12 月，贵州省住房公积金缴存余额为 11415877.99 万元。其中：贵阳市 2699575.17 万元；遵义市 1894030.22 万元；安顺市 590858.14 万元；六盘水市 736659.94 万元；黔南州 950237.80 万元；黔东南州 1262548.43 万元；黔西南州 801064.63 万元；铜仁市 857222.81 万元；毕节市 956001.61 万元；省直 595903.17 万元；贵安新区 71776.07 万元。

### （四）实际缴存职工人数

2019 年，贵州省实际缴存职工人数为 261.10 万人。各地实际缴存职工人数为：贵阳市 88.66 万人；遵义市 38.25 万人；安顺市 12.19 万人；六盘

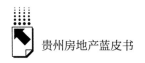

水市 16.08 万人；黔南州 19.48 万人；黔东南州 16.25 万人；黔西南州 14.50 万人；铜仁市 16.49 万人；毕节市 23.30 万人；贵安新区 5.75 万人；省直 10.15 万人。

## 二 公积金提取情况

截至 2019 年底，贵州省累计提取住房公积金 13277411.79 万元，当年提取 2674512.23 万元，占当年归集的 64.56%。各地提取情况为：贵阳市累计提取 3952833.56 万元，当年提取 746280.63 万元，占当年归集的 71.55%；遵义市累计提取 2110000.57 万元，当年提取 437057.62 万元，占当年归集的 58.82%；安顺市累计提取 763169.51 万元，当年提取 131470.70 万元，占当年归集的 62.95%；六盘水市累计提取 1038468.19 万元，当年提取 161907.20 万元，占当年归集的 65.78%；黔南州累计提取 1081909.66 万元，当年提取 235698.84 万元，占当年归集的 67.19%；黔东南州累计提取 985953.00 万元，当年提取 220295.05 万元，占当年归集的 56.41%；黔西南州累计提取 705220.55 万元，当年提取 133374.61 万元，占当年归集的 49.68%；铜仁市累计提取 822822.25 万元，当年提取 232156.74 万元，占当年归集的 78.28%；毕节市累计提取 1024989.50 万元，当年提取 214342.02 万元，占当年归集的 66.60%；省直累计提取 763042.63 万元，当年提取 145424.28 万元，占当年归集的 59.97%；贵安新区累计提取 29002.37 万元，当年提取 16504.55 万元，占当年归集的 54.91%。

## 三 个人住房贷款情况

### （一）贷款总额

截至 2019 年 12 月，贵州省累计发放个人住房公积金贷款 73.98 万笔，

17331790.48 万元, 比上年同期增长 18.56%。分别为: 贵阳市 4063674.56 万元, 比上年同期增长 13.14%; 遵义市 2874605.39 万元, 比上年同期增长 19.05%; 安顺市 882208.68 万元, 比上年同期增长 17.08%; 六盘水市 935885.23 万元, 比上年同期增长 43.48%; 黔南州 1608061.94 万元, 比上年同期增长 21.22%; 黔东南州 1793053.96 万元, 比上年同期增长 18.15%; 黔西南州 1269145.39 万元, 比上年同期增长 26.27%; 铜仁市 1308188.68 万元, 比上年同期增长 23.99%; 毕节市 1775975.44 万元, 比上年同期增长 23.70%; 省直 783183.31 万元, 比上年同期增长 14.55%; 贵安新区 37807.90 万元, 比上年同期增长 60.10%。

## (二) 当年发放情况

2019 年, 贵州省发放住房公积金贷款 7.54 万笔, 金额 2713101.76 万元 (笔均 35.98 万元), 与上年发放额相比增长 18.72%。其中: 贵阳市 471905.80 万元, 较上年同期增长 2.67%; 遵义市 459906.08 万元, 较上年增长 20.62%; 安顺市 128695.40 万元, 较上年增长 69.37%; 六盘水市 124685.1 万元, 较上年增长 57.45%; 黔南州 281465.80 万元, 较上年增长 11.40%; 黔东南州 275388.44 万元, 较上年减少 4.40%; 黔西南州 264006.50 万元, 较上年增长 43.50%; 铜仁市 253138.30 万元, 较上年增长 48.06%; 毕节市 340232.69 万元, 较上年增长 17.27%; 省直 99484.95 万元, 较上年增长 19.93%; 贵安新区 14192.70 万元, 较上年减少 31.16%。

## (三) 贷款余额

截至 2019 年 12 月, 贵州省个人贷款余额为 11115420.25 万元。各地余额分别为: 贵阳市 2558245.74 万元、遵义市 1877695.00 万元、安顺市 554524.50 万元、六盘水市 569982.15 万元、黔南州 1088699.90 万元、黔东南州 1226817.41 万元、黔西南州 841396.70 万元、铜仁市 834133.18 万元、毕节市 1005482.08 万元、省直 522901.62 万元、贵安新区 35541.97 万元。

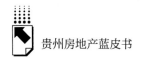
### （四）个贷率

截至 2019 年 12 月，贵州省个人贷款余额占归集余额的比例为 97.37%，比上年末增加 0.73 个百分点。各地比例分别为：贵阳市 94.76%，遵义市 99.14%，安顺市 93.85%，六盘水市 77.37%，黔南州 114.57%，黔东南州 97.17%，黔西南州 105.03%，铜仁市 97.31%，毕节市 105.18%，省直 87.75%，贵安新区 49.52%。

### （五）逾期贷款率

截至 2019 年 12 月，贵州省逾期贷款额为 2364.06 万元，逾期率为 0.213‰。各地逾期率分别为：贵阳市逾期率 0.188‰；遵义市逾期率 0.208‰；安顺市逾期率 0.048‰；六盘水市逾期率 0.483‰；黔南州逾期率 0.150‰；黔东南州逾期率 0.507‰；铜仁市逾期率 0.105‰；毕节市逾期率 0.050‰；省直逾期率 0.509‰；黔西南州、贵安新区未发生逾期贷款，六盘水市、黔东南州逾期率较高。

### （六）住房公积金支持保障性住房建设项目贷款情况

2019 年，未发放支持保障性住房建设项目贷款，回收项目贷款 0.11 亿元。2019 年末，累计发放项目贷款 14.32 亿元，项目贷款余额 0.52 亿元。

### （七）增值收益

2019 年贵州省住房公积金增值收益为增值收益 150847.70 万元，同比增长 23.30%；增值收益率 1.40%，比上年增加 0.10 个百分点。各地情况为：贵阳市增值收益 32280.23 万元，同比增长 14.19%，增值收益率 1.26%；遵义市增值收益 25050.01 万元，同比增长 32.31%，增值收益率 1.43%；安顺市增值收益 8794.31 万元，同比增长 30.16%，增值收益率 1.58%；六盘水市增值收益 8686.30 万元，同比增长 15.40%，增值收益率 1.23%；黔南州增值收益 11552.89 万元，同比增长 26.99%，增值收益率

1.31%；黔东南州增值收益18299.27万元，同比增长28.44%，增值收益率1.55%；黔西南州增值收益10255.90万元，同比增长21.79%，增值收益率1.39%；铜仁市增值收益12376.87万元，同比增长31.21%，增值收益率1.50%；毕节市增值收益14863.60万元，同比增长19.94%，增值收益率1.65%；省直增值收益7899.35万元，同比增长13.61%，增值收益率1.39%；贵安新区增值收益788.97万元，同比增长153.76%，增值收益率1.22%。

# 四　运行分析

2019年，贵州省针对住房公积金政策执行及风险隐患排查、电子化稽查风险疑点等进一步进行了督查，同时，加大住房公积金综合服务平台建设力度，开展了住房公积金数据平台接入工作，增加管理中心风险隐患排查能力，健全内部风险和廉政风险防控机制，促进了住房公积金业务的健康发展。

一是缴存扩面工作有了一定的增长。缴存单位和职工有所增加，缴存额进一步增长。2019年，实缴单位数、实缴职工人数和缴存额增长率分别为13.05%、3.94%和15.36%。

缴存单位中，国家机关和事业单位占39.64%，国有企业占13.90%，城镇集体企业占2.20%，外商投资企业占0.80%，城镇私营企业及其他城镇企业占36.81%，民办非企业单位和社会团体占3.18%，其他占3.46%。

缴存职工中，国家机关和事业单位占47.09%，国有企业占25.74%，城镇集体企业占1.58%，外商投资企业占1.20%，城镇私营企业及其他城镇企业占20.94%，民办非企业单位和社会团体占1.41%，其他占2.04%；中、低收入占91.99%，高收入占8.01%。

新开户职工中，国家机关和事业单位占19.95%，国有企业占21.49%，城镇集体企业占7.47%，外商投资企业占2.30%，城镇私营企业及其他城镇企业占41.00%，民办非企业单位和社会团体占3.05%，其他占4.75%；中、低收入占98.41%，高收入占1.59%。

二是提取额进一步增长。2019年，提取额占当年缴存额的比重，比上

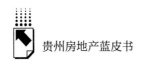

年增加 0.22 个百分点，提取总额比上年增长 25.22%。

2019 年，115.41 万名缴存职工提取住房公积金 267.45 亿元。

提取金额中，住房消费提取占 81.03%（购买、建造、翻建、大修自住住房占 17.68%，偿还购房贷款本息占 57.46%，租赁住房占 3.38%，其他占 2.52%）；非住房消费提取占 18.97%（离休和退休提取占 13.26%，完全丧失劳动能力并与单位终止劳动关系提取占 3.14%，出境定居占 0.50%，其他占 2.07%）。

提取职工中，中、低收入占 90.25%，高收入占 9.75%。

三是住房公积金个人贷款平稳发展。2019 年贵州省住房公积金个人贷款流动性资金仍然比较紧张，当年发放额有较大幅度的增加，个贷率仍然保持在较高的水平，为 97.37%，较上年末增加了 0.73 个百分点。

（1）个人住房贷款：2019 年，支持职工购建房 768.48 万平方米。年末个人住房贷款市场占有率（含公转商贴息贷款）为 22.85%，比上年末减少 0.75 个百分点。通过申请住房公积金个人住房贷款，可节约职工购房利息支出 443576.54 万元。

职工贷款笔数中，购房建筑面积 90（含）平方米以下占 6.58%，90~144（含）平方米占 82.30%，144 平方米以上占 11.12%。购买新房占 90.30%（其中购买保障性住房占 0.23%），购买二手房占 9.45%，建造、翻建、大修自住住房占 0.15%，其他占 0.09%。

职工贷款笔数中，单缴存职工申请贷款占 55.00%，双缴存职工申请贷款占 44.90%，三人及以上缴存职工共同申请贷款占 0.10%。

贷款职工中，30 岁（含）以下占 40.81%，30~40 岁（含）占 36.35%，40~50 岁（含）占 17.65%，50 岁以上占 5.19%；首次申请贷款占 92.20%，二次及以上申请贷款占 7.73%；中、低收入占 86.64%，高收入占 13.36%。

（2）异地贷款：2019 年，发放异地贷款 3092 笔 107355.40 万元。2019 年末，发放异地贷款总额 254603.60 万元，异地贷款余额 242511.83 万元。

（3）公转商贴息贷款：2019 年，未发放公转商贴息贷款。当年贴息额 4213.25 万元。2019 年末，累计发放公转商贴息贷款 12369 笔 360854.00 万元，累计贴息 21635.06 万元。

（4）住房公积金支持保障性住房建设项目贷款：2019 年末，贵州省有住房公积金试点城市 2 个，试点项目 14 个，贷款额度 14.32 亿元，建筑面积 107.12 万平方米，可解决 11936 户中低收入职工家庭的住房问题。12 个试点项目贷款资金已发放并还清贷款本息。

（5）资金运用率：2019 年末，住房公积金个人住房贷款余额、项目贷款余额和购买国债余额的总和占缴存余额的 97.41%，比上年末增加 0.71 个百分点。

四是资产风险状况。2019 年，提取个人贷款风险准备金 15015.08 万元，未使用个人贷款风险准备金核销呆坏账。2019 年末，个人贷款风险准备金余额 122368.82 万元，占个人贷款余额的 1.10%，比上年同期减少 0.02 个百分点，个人贷款逾期额与个人贷款风险准备金余额的比例为 1.93%，比上年同期增加 0.14 个百分点。

五是住房贡献率。2019 年，个人住房贷款发放额、公转商贴息贷款发放额、项目贷款发放额、住房消费提取额的总和与当年缴存额的比例为 117.82%，比上年增加 2.58 个百分点。

六是增值收益有了较大幅度的增长。不仅增值收益额有较大的增长，而且增值收益率增加了 0.10 个百分点。

2019 年，提取贷款风险准备金 13654.50 万元，提取管理费用 21701.09 万元，提取城市廉租住房（公共租赁住房）建设补充资金 115292.11 万元。

2019 年，上交财政管理费用 21141.63 万元，上缴财政城市廉租住房（公共租赁住房）建设补充资金 89556.86 万元。

2019 年末，贷款风险准备金余额 122368.82 万元，累计提取城市廉租住房（公共租赁住房）建设补充资金 620416.34 万元。

# 五　建议

2020 年是全面建成小康社会和"十三五"规划收官之年，是脱贫攻坚决战决胜之年，也是攻坚克难的拼搏之年。贵州省提出了要奋力推动经济社会高质量发展，紧紧扭住发展第一要务，坚持质量第一、效益优先，加快现代化经济体系建设，确保经济实现量的合理增长和质的稳步提升，确保发展和生态两条底线越守越牢，确保人民对美好生活的向往不断实现。必须努力推进住房公积金的各项工作，切实维护广大缴存企业和缴存职工的合法权益，减轻疫情对经济社会发展的影响。

第一，必须坚持推行住房公积金。住房公积金制度实施以来，越来越多的职工通过使用住房公积金，解决、改善和提高了家庭的居住水平。2020年由于新冠肺炎疫情和经济下行压力的影响，投资增长压力加大，消费增长乏力，一些企业生产经营困难增多。但是，这不应该成为取消住房公积金的借口。特殊情况特殊时期可以采取特殊的如暂时停缴或缓缴等办法，恢复正常之后，就要按照规定缴存。作为用人单位，需要保证职工的工资及相关的劳动所得和福利待遇，职工的住房问题，要通过市场和政府的住房保障来解决。

第二，不断深化改革，完善制度。多年的实践证明，住房公积金在解决职工的住房问题上，发挥了很大的作用。当然，也存在不少的问题和不足。究其原因，既有政策方面的，也有操作方面的。因此，必须正确对待这些问题和不足。只有通过深入研究政策，改进操作，不断深化改革，进一步完善制度，才能更好地发挥住房公积金在解决职工住房问题上的作用。

第三，继续做好缴存扩面工作。要以进城务工、个体工商户、自由职业者等为目标群体，探索建立和完善相应的缴存机制。同时，要进一步支持职工合理的住房消费，完善住房公积金提取、贷款等使用政策。建立和完善内审稽核机制，堵塞风险漏洞，消除风险隐患。

第四，全力推进信息化建设，全面提升住房公积金服务效能和管理水平，完善住房公积金综合服务平台；加强与相关部门的合作，实现数据共享，努力做到"让数据多跑腿，让职工少跑路"。

# 金 融 篇

Report on Finance

## B.5

# 贵州省房地产企业与消费融资报告

武廷方　张小龙　党月婷*

**摘　要：** 2019 年，贵州省继续认真落实"房住不炒"的基本方针，房
地产开发投资增速稳中趋缓。全省金融系统继续按照房地产信
贷政策导向及房地产金融宏观审慎管理要求，保持对符合条件
的房地产项目建设的支持力度。全省房地产开发贷款余额同比
增长 11.1%，增速维持在合理区间。2019 年，中国人民银行贵
阳中心支行持续实施好"因城施策"差别化住房信贷政策体
系，重点支持居民住房刚性需求和改善性住房需求。2019 年贵
州省企业购房贷款和个人购房贷款呈现增速放缓的态势。

**关键词：** 金融系统　房地产开发投资　个人购房贷款

* 武廷方，贵州省房地产研究院院长、教授、硕士生导师；张小龙，现任中国人民银行贵阳中
心支行副主任科员；党月婷，现任中国人民银行贵阳中心支行副主任科员。

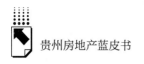

# 一 贵州房地产企业融资状况

房地产开发企业融资的重要渠道是房地产开发贷款，主要由地产开发贷款和房产开发贷款组成。2019 年，贵州省房地产开发投资完成 2990.8 亿元，同比增长 27.3%。2019 年末，全省金融机构房地产贷款余额 7574.5 亿元，同比增长 18.7%，增幅较上年有所降低，但仍比全省各项贷款平均增速高 3.7 个百分点。其中，房地产开发贷款余额 3096.4 亿元，同比增长 11.1%，增速较上年同期下降 42.8 个百分点（见图 1）。

**图1 贵州省房地产开发贷款余额及增速情况**

资料来源：中国人民银行贵阳中心支行。

## （一）地产开发贷款

地产开发贷款是指专门用于地产开发，且在地产开发完成后计划收回的贷款。主要包括向县级以上（含）政府授权的，在该政府所在城市规划内从事土地征用、收购、储备及出让土地前期相关工作，具有法人资格的土地储备机构发放的政府土地储备机构贷款。

2019 年，贵州省地产开发贷款余额下降较快，年末地产开发贷款余额

180.9 亿元，同比减少 17.1%。其中政府土地储备机构贷款余额 48.2 亿元，同比减少 58.5%（见图 2）。

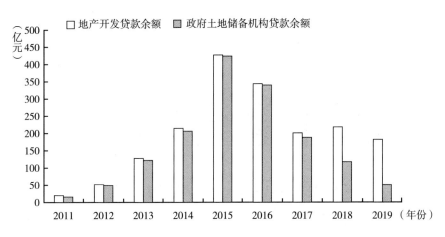

图 2　2011～2019 年贵州省地产开发贷款余额构成情况

资料来源：中国人民银行贵阳中心支行。

## （二）房产开发贷款

房产开发贷款是指房屋建设贷款，包括土地开发阶段发放的、计划在房屋建设阶段继续使用的贷款。主要由商业用房开发贷款、住房开发贷款以及其他房产开发贷款组成。其中，保障性住房开发贷款也属于住房开发贷款。

2019 年末，贵州省房产开发贷款余额 2915.46 亿元，同比增长 13.5%，增速较上年同期下降 46 个百分点（见图 3）。房产开发贷款中，住房开发贷款和保障性住房开发贷款保持增长态势。2019 年末，贵州省住房开发贷款余额和保障性住房开发贷款余额为 2670.94 亿元和 2235.96 亿元，分别增长 13.89% 和 15.03%。

## 二　贵州房地产消费投资状况

房地产贷款的重要组成部分是购房贷款，它主要由企业购房贷款、机关

**图3 2011～2019年贵州省房产开发贷款余额及增速**

资料来源：中国人民银行贵阳中心支行。

团体购房贷款和个人购房贷款等构成。其中，个人购房贷款包括个人商业用房贷款和个人住房贷款。

## （一）购房贷款情况

2019年，贵州省全省购房贷款保持稳定增长。截至2019年末，全省购房贷款为4248.1亿元，同比增长50.6%，增速较2018年增加41.5个百分点（见图4）。购房贷款占房地产贷款余额的比重保持在5成左右，2019年末余额占比达到56.08%。

从结构上看，企业购房贷款和个人购房贷款呈现增速放缓态势，2019年末，企业购房贷款余额72.94亿元，较上年增加57.95亿元，占购房贷款余额的1.7%，比重较小。个人购房贷款占购房贷款余额比重为98.3%，是购房贷款的主要组成部分。2019年末，贵州省金融机构个人购房贷款余额为4175.1亿元，同比增长21.4%。

## （二）个人住房贷款情况

2019年，贵州省个人住房贷款继续保持较快增长，年末个人住房贷款

**图 4　2011～2019 年贵州省购房贷款余额及增速情况**

资料来源：中国人民银行贵阳中心支行。

余额达到 3847.6 亿元，同比增长 23.7%，高出全省人民币各项贷款余额增速 8.7 个百分点（见图 5）。

**图 5　2011～2019 年贵州省个人住房贷款余额及增速情况**

资料来源：中国人民银行贵阳中心支行。

从结构上看，2018 年末，贵州省个人新建住房贷款余额 3501.6 亿元，同比增长 22.4%，其中，抵押贷款余额 3468.66 亿元，同比增长 22.99%。贵州省再交易房贷款余额 346.87 亿元，同比增长 38.47%。

# 地 区 篇

## Report on County and District Subject

# B.6
# 贵阳市2019年房地产市场运行报告

贵阳市住房和城乡建设局课题组*

摘 要： 2019年，贵阳市认真贯彻落实党中央、国务院和省委、省政府有关决策部署，坚持稳中求进工作总基调，坚持"房子是用来住的、不是用来炒的"定位，不断完善房地产市场调控工作，切实稳定住房价格，房地产市场总体走势平稳。统计数据显示，2019年贵阳市房地产开发完成投资1176.24亿元，同比增长19.3%；商品房销售面积1099.95万平方米，同比下降1.7%；据住建部门网签数据显示，住宅销售均价9401元/平方米，同比增长11.6%；截至2019年12月末，住宅库存1271.22万平方米，比2018年末增加228.45万平方米，

---

* 课题组成员：童昕，贵阳市住房和城乡建设局房地产市场监管处处长；刘长海，贵阳市住房和城乡建设局房地产市场监管处工作人员；刘雅琪，贵阳市住房和城乡建设局房地产市场监管处工作人员。

住宅库存去化周期为 17 个月。

**关键词：** 房地产调控　住房发展规划　贵阳市

# 一　2019年房地产市场基本情况

## （一）房地产开发投资情况

统计数据显示，2019 年，贵阳市房地产开发完成投资 1266.9 亿元，同比增长 19.3%，增幅比上年扩大 23.2 个百分点，房地产开发投资占全市固定资产总投资的 40.6%。其中：住宅投资 798.1 亿元，同比增长 15.7%；办公楼投资 81.1 亿元，同比增长 16.1%；商业营业用房投资 178.6 亿元，同比增长 12.2%；其他投资 210.3 亿元，同比增长 46.1%（见表 1）。

表 1　2019 年贵阳市房地产开发投资完成情况统计

单位：亿元，%

| 指标名称 | 金额 | 同比增长 |
| --- | --- | --- |
| 房地产开发投资完成额 | 1266.9 | 19.3 |
| 住宅 | 798.1 | 15.7 |
| 商业营业用房 | 178.6 | 12.2 |
| 办公楼 | 81.1 | 16.1 |
| 其他 | 210.3 | 46.1 |

资料来源：贵阳市住建局。

## （二）商品房开发建设及销售情况

开发建设方面，统计数据显示，2019 年贵阳市商品房新开工面积 1988.19 万平方米，同比增长 45.5%，其中：住宅 1373.65 万平方米，同比增长 44.3%；办公楼 83.99 万平方米，同比增长 130%；商业营业用房

229.46 万平方米，同比增长 66.8%；其他 301.08 万平方米，同比增长
25.3%。贵阳市竣工房屋面积 308.59 万平方米，同比增长 42.7%，其中：
住宅 185.6 万平方米，同比增长 45.7%；办公楼 23.11 万平方米，同比下降
9.5%；商业营业用房 34.6 万平方米，同比增长 27.6%；其他 65.28 万平方
米，同比增长 80.6%。销售方面，统计数据显示，2019 年商品房销售面积
1099.95 万平方米，同比下降 1.7%，增幅比上年缩小 5.5 个百分点，其中：
住宅 868.78 万平方米，同比下降 8.3%；办公楼 75.55 万平方米，同比增长
20.3%；商业营业用房 132.88 万平方米，同比增长 51.3%；其他 22.75 万
平方米，同比增长 9.2%（见表 2）。

**表 2 2019 年贵阳市商品房开发建设及销售情况统计**

| 指标名称 | 数量 | 同比增长（%） |
|---|---|---|
| 商品房新开工面积（万平方米） | 1988.19 | 45.5 |
| 住宅新开工面积 | 1373.65 | 44.3 |
| 办公楼新开工面积 | 83.99 | 130 |
| 商业营业用房新开工面积 | 229.46 | 66.8 |
| 商品房竣工面积（万平方米） | 308.59 | 42.7 |
| 住宅竣工面积 | 185.6 | 45.7 |
| 办公楼竣工面积 | 23.11 | −9.5 |
| 商业营业用房竣工面积 | 34.6 | 27.6 |
| 商品房销售面积（万平方米） | 1099.95 | −1.7 |
| 住宅销售面积 | 868.78 | −8.3 |
| 办公楼销售面积 | 75.55 | 20.3 |
| 商业营业用房销售面积 | 132.88 | 51.3 |
| 商品房销售均价（元/平方米） | 10016.11 | 11.8 |
| 住宅均价 | 9401 | 11.6 |
| 办公楼均价 | 9218.8 | 9.7 |
| 商业营业用房均价 | 16875 | 1.03 |

资料来源：贵阳市住建局。

### （三）商品房销售价格情况

据网签数据，2019 年贵阳市新建商品房网签销售均价 10016.11 元/平

方米，同比增长 11.8%；其中：住宅 9401 元/平方米，同比增长 11.6%；办公楼 9218.8 元/平方米，同比增长 9.7%；商业营业用房 16875 元/平方米，同比增长 1.03%。

### （四）二手房交易情况

2019 年，贵阳市二手房成交面积 252.29 万平方米，同比下降 25.07%，成交套数 26934 套，同比下降 18.77%，成交金额 143.6 亿元，同比下降 19.5%。其中：二手住宅成交面积 239.47 万平方米，同比下降 24.91%，成交套数 24839 套，同比下降 20.83%，成交金额 135.6 亿元，同比下降 19.42%。

### （五）房地产开发企业资金来源情况

据统计数据，2019 年，贵阳市实际到位资金 1035.3 亿元，同比下降 2.1%。其中：国内贷款 48.03 亿元，同比下降 29.9%（其中银行贷款 26.57 亿元，同比下降 58.2%）；自筹资金 321.63 亿元，同比增长 38.5%；其他资金来源 334.78 亿元，较 2018 年有较大幅度增长（其中：定金及预收款 291.94 亿元，同比下降 29.9%；个人按揭贷款 38.92 亿元，同比下降 87.1%）。

### （六）存在的主要问题

当前，贵阳市房地产市场总体发展态势良好，但也存在以下几方面困难及问题。

一是调控压力较大。2019 年来房地产市场延续了 2018 年的一系列调控措施；2019 年 4 月 19 日，中央政治局会议重提"房住不炒"，释放了房地产调控不放松的信号；2019 年 7 月 30 日中央政治局会议继续重申"房住不炒"，同时提出"不将房地产作为短期刺激经济的手段"，总体上目前房地产市场面临的调控压力较大。

二是市场预期下降明显。由于外部经济环境的不确定性因素增加，国内

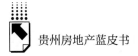

经济下行压力加大，个别专家学者以及部分自媒体对市场的预测普遍看降，加上有关推进房地产税立法的宣传炒作，市场观望情绪逐渐增多，房地产行业投资和消费意愿持续减弱。

三是购买力不足。从 2017 年至今，随着全国房地产市场的持续升温，贵阳房地产市场也呈现快速增长态势，尤其是 2017 年 4 月至 2018 年 8 月，贵阳房地产市场购买力持续集中释放，目前市场已相对饱和，在短期内难以形成较强的购买力。

四是银根持续紧缩。2019 年中国人民银行工作会议要求要切实防范化解重点领域金融风险，房地产行业作为金融监管的重点领域，对房地产开发贷款、个人住房按揭贷款实行更加审慎的贷款标准，预计短期内房地产行业资金面偏紧的状况不会有明显改善。

## 二 2020年工作展望

从下步发展来看，贵阳是贵州省会，国家"一带一路"、陆海贸易新通道南下的重要节点，黔中经济区的经济枢纽、交通枢纽，是引领贵州经济、社会、生态发展的重要核心，肩负着带动区域发展的使命与责任。贵阳市委、市政府通过综合考量，确立到 2035 年贵阳聚集 800 万 ~ 1000 万人口，市场需求前景可观，今后，房地产业对贵阳市经济社会发展将会继续做出重要贡献。2020 年贵阳市政府工作报告提出以推进贵阳市贵安新区融合发展为契机，全力增强城市能级，明确加快构建六大体系，为贵阳房地产市场的持续发展带来了新的契机。预计 2020 年全市房地产开发投资和商品房销售将保持平稳增长，房价大概率维持横盘整理态势，局部区域和个别高品质项目仍会保持稳中有升，但不会出现大的波动。

# 六盘水市2019年房地产市场运行报告

六盘水市住房和城乡建设局课题组*

**摘　要：** 2019年，六盘水市认真贯彻落实国家及省市有关房地产市场政策，坚持"房子是用来住的、不是用来炒的"原则，商品房交易市场秩序得到进一步规范，旅游地产、休闲养生等地产逐步成为房地产企业考虑投资的重要方向，房地产市场整体保持平稳发展态势。同时，延期交房和逾期办证等引发的信访投诉矛盾较多。

**关键词：** 六盘水市　房地产市场　棚户区改造

## 一　2019年房地产市场运行状况

### （一）房地产开发投资情况

2019年，六盘水市房地产投资大幅增长，完成104.53亿元，同比上升50.45%。其中，住宅完成投资67.73亿元，同比上升58.36%；办公楼完成投资1.38亿元，同比上升160.38%；商业营业用房完成投资13.49亿元，同比下降30.93%；其他用房完成投资21.9亿元，同比上升229.93%（见表1）。

---

\* 课题组成员：刘颖，六盘水市住房和城乡建设局房地产市场监督管理科科长；陈建才，六盘水市住房和城乡建设局房地产市场监督管理科科员；张庆钊，六盘水市住房和城乡建设局房地产市场监督管理科科员。

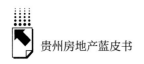

**表1　2019年六盘水市房地产开发投资完成情况统计**

单位：亿元，%

| 指标名称 | 金额 | 同比增长 |
| --- | --- | --- |
| 房地产开发投资额 | 104.53 | 50.45 |
| 住宅 | 67.73 | 58.36 |
| 商业营业用房 | 13.49 | −30.93 |
| 办公楼 | 1.38 | 160.38 |
| 其他 | 21.9 | 229.93 |

资料来源：六盘水市住建局。

## （二）商品房开发建设及销售情况

2019年全市商品房销售面积211.91万平方米，同比上升9.59%，其中：住宅销售面积194.00万平方米，同比上升13.84%，商业营业用房销售面积17.05万平方米，同比下降8.77%。商品房销售金额107.74亿元，同比上升23.26%，其中：住宅销售金额92.52亿元，同比上升33.74%；商业营业用房销售金额14.62亿元，同比下降12.03%。办公楼待售面积为2.83万平方米；商业营业用房待售面积为31.55万平方米，同比下降13.42%（见表2）。

**表2　2019年六盘水市商品房开发建设及销售情况统计**

| 指标名称 | 数量 | 同比增长（%） |
| --- | --- | --- |
| 商品房施工面积（万平方米） | 1800.78 | 26.84 |
| 住宅施工面积 | 1137.61 | 31.35 |
| 办公楼施工面积 | 22.54 | 13.32 |
| 商业营业用房施工面积 | 323.07 | 2.47 |
| 商品房新开工面积（万平方米） | 235.07 | 68.9 |
| 住宅新开工面积 | 16.48 | 74.02 |
| 办公楼新开工面积 | 4.04 | 32.67 |
| 商业营业用房新开工面积 | 23.85 | 10.11 |
| 商品房竣工面积（万平方米） | 4.84 | 4.08 |
| 住宅竣工面积 | 4.84 | 100 |

续表

| 指标名称 | 数量 | 同比增长（%） |
|---|---|---|
| 办公楼竣工面积 | 0 | 0 |
| 商业营业用房竣工面积 | 0 | 0 |
| 商品房销售面积（万平方米） | 211.91 | 9.59 |
| 住宅销售面积 | 194 | 13.84 |
| 办公楼销售面积 | 0 | 0 |
| 商业营业用房销售面积 | 17.05 | −8.77 |
| 商品房待售面积（万平方米） | 70.58 | −19.65 |
| 住宅待售面积 | 24.55 | −5.79 |
| 办公楼待售面积 | 2.83 | 0 |
| 商业营业用房待售面积 | 31.55 | −13.42 |
| 商品房销售额（万元） | 107.74 | 23.26 |
| 住宅销售额 | 92.52 | 33.74 |
| 办公楼销售额 | 0 | 0 |
| 商业营业用房销售额 | 14.62 | −12.03 |

资料来源：六盘水市住建局。

在销售均价方面，2019年六盘水市商品房销售均价为5083.96元/平方米，同比上升12.72%，其中住宅销售均价为4769.35元/平方米，同比上升17.49%。商品房销售面积及销售价格上升，房地产市场呈现上升态势。

### （三）商品房库存情况

2019年，六盘水市商品房存量面积447.34万平方米，住宅存量面积为220.65万平方米，住宅去化周期12.7个月，住宅库存处于合理区间。

### （四）商品房租赁情况

2019年，六盘水市房屋租赁市场相对比较薄弱，以个人投资出租为主体，个人自行发布出租信息为主要方式，租赁双方自觉进行备案登记率较低。部分房屋租赁公司存在管理混乱、办公地点不定等问题，租赁市场存在数据难以统计等问题。

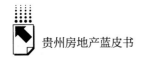

## （五）二手房交易情况

六盘水市二手房销售面积完成 31.56 万平方米，同比下降 39.63%，其中住房成交面积 29.70 万平方米，同比下降 40.69%；成交金额为 9.34 亿元，同比下降 31.73%，其中住房成交金额为 8.2 亿元，同比下降 32.79%。二手住房成交价格为 2761 元/平方米，同比上升 13.30%。

## （六）房地产开发企业资金来源情况

2019 年，六盘水市房地产开发实际到位资金 101.98 亿元，同比上升 11.61%。上年末结余资金 42.15 亿元，同比上升 64.20%。

## （七）住房保障情况

2019 年，六盘水市房地产市场新开工棚户区改造 4294 户，为目标任务的 100.09%；基本建成城镇保障性安居工程 20532 户，为目标任务的 149.87%；发放住房租赁补贴 2165 户，发放金额 501.05 万元；2019 年完成总投资 73.62 亿元，为年度计划投资的 100.85%。2019 年获得中央财政城镇保障性安居工程专项资金 11690.51 万元，省级激励补助资金 998.74 万元。

## （八）存在的主要问题

### 1. 企业整体实力不强

截至 2019 年 2 月底，六盘水市登记注册的房地产开发企业共 414 家，其中：二级资质 25 家，三级资质 62 家，四级资质 88 家，暂定级资质 239 家。大多数企业规模较小、专业人员缺乏、经营水平不高、自有资金不足，对金融机构依赖性强，导致风险防范能力不足。部分房地产开发企业由于资金链问题项目无法完成竣工，导致信访问题的产生。

### 2. 房地产市场乱象丛生

由于房地产价格走高，房开企业、中介机构违规现象较多，并屡禁不止，需加强执法力度，各部门共同进行执法，制止房地产市场乱象。

3. 房地产信访投诉较多

随着居民法律意识进一步提高，由于逾期交房和逾期办证等问题，消费者关于自身权益的信访投诉较多，成为影响社会稳定的潜在因素。

# 二　2020年工作展望

## （一）2020年房地产市场发展趋势

2019年房地产市场量价齐涨，2020年预计会有一定程度的回调。同时由于2018年市场向好，很多房地产开发企业投入大量资金开发建设，大量项目将在2020年下半年逐步上市，预计房地产销量上升，价格回落。

## （二）2020年重点工作

1. 优化供给结构

一是提升房地产项目品质，按照产城融合、配套完善、智慧和谐的方向合理引导项目策划和实施，满足刚性需求和改善性住房需求；二是优化房地产产品结构，产品多元化，满足各类购房需求，除本地商品住房需求外还要关注休闲、度假、康养地产和投资型购房需求。

2. 营造良好营商环境

一是深化建设工程审批改革，进一步压缩审批时限；二是加强事中事后的服务与监督管理，及时发现和帮助企业解决存在问题及困难；三是进一步规范房地产市场行为，净化市场环境；四是加大问题楼盘处理力度，化解社会矛盾，营造良好氛围。

3. 继续推进住房保障建设

2020年六盘水市计划基本建成城镇保障性安居工程10200户，历年保障性安居工程项目计划在2020年完成投资60000万元。

# B.8
# 遵义市2019年房地产市场运行报告

遵义市住房和城乡建设局课题组*

**摘　要：** 2019年，在遵义市委、市政府的坚强领导下，遵义市认真贯彻落实党中央、国务院和省委、省政府的重大决策部署，坚持"房子是用来住的、不是用来炒的"定位，以稳地价、稳房价、稳预期为目标，因地施策，认真落实房地产市场调控主体责任，防范化解房地产市场风险，房地产市场保持平稳健康发展。

**关键词：** 遵义市　房地产市场　房地产投资

## 一　遵义市房地产市场运行基本情况

### （一）遵义市房地产开发投资稳步增长

2019年，遵义市累计完成房地产开发投资544.91亿元，同比增长22.47%。其中：住宅完成投资395.54亿元，同比增长32.57%；办公楼完成投资7.94亿元，同比减少8.84%；商业营业用房完成投资91.15亿元，同比增长3.61%；其他完成投资50.28亿元，同比增长0.8%（见表1）。

---

* 课题组成员：朱家红，遵义市住房和城乡建设局房地产业科科长；袁嗣陶，中级房地产经济师，遵义市住房和城乡建设局房地产业科工作人员。

表1　2019年遵义市房地产开发投资完成情况统计

单位：亿元，%

| 指标名称 | 金额 | 同比增长 |
|---|---|---|
| 房地产开发投资完成额 | 544.91 | 22.47 |
| 住宅 | 395.54 | 32.57 |
| 办公楼 | 7.94 | -8.84 |
| 商业营业用房 | 91.15 | 3.61 |
| 其他 | 50.28 | 0.80 |

资料来源：遵义市住建局。

## （二）遵义市商品房开发建设及销售情况

商品房开发建设方面，统计数据显示，2019年，遵义市商品房施工面积为5596.07万平方米，同比增长28.18%，其中住宅施工面积3805.74万平方米，同比增长31.71%；办公楼施工面积96.78万平方米，同比增长8.81%，商业营业用房施工面积886.67万平方米，同比增长10.69%，其他施工面积806.88万平方米，同比增长37.64%。商品房新开工面积1559.58万平方米，同比增长11.62%，其中住宅新开工面积1140.81万平方米，同比增长17.45%；商品房竣工面积为222.65万平方米，同比减少21%，其中住宅竣工面积165.27万平方米，同比减少22.51%。

商品房销售方面，统计数据显示，2019年，遵义市销售商品房1144.08万平方米，同比减少11.11%。其中：住宅销售1016.94万平方米，同比减少7.05%；办公楼销售8.03万平方米，同比减少6.52%；商业营业用房销售89.32万平方米，同比减少38.23%；其他销售29.79万平方米，同比减少12.49%（见表2）。

表2　2019年遵义市商品房开发建设及销售情况统计

| 指标 | 数量 | 同比增长（%） |
|---|---|---|
| 商品房施工面积（万平方米） | 5596.07 | 28.18 |
| 住宅 | 3805.74 | 31.71 |

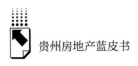

续表

| 指标 | 数量 | 同比增长（%） |
|---|---|---|
| 办公楼 | 96.78 | 8.81 |
| 商业营业用房 | 886.67 | 10.69 |
| 其他 | 806.88 | 37.64 |
| 商品房新开工面积（万平方米） | 1559.58 | 11.62 |
| 住宅 | 1140.81 | 17.45 |
| 办公楼 | 177.54 | 869.65 |
| 商业营业用房 | 181.72 | -13.39 |
| 其他 | 219.29 | 10.90 |
| 商品房竣工面积（万平方米） | 222.65 | -21.00 |
| 住宅 | 165.27 | -22.51 |
| 办公楼 | 0.35 | 561.77 |
| 商业营业用房 | 39.05 | -7.87 |
| 其他 | 17.98 | 588.49 |
| 商品房销售面积（万平方米） | 1144.08 | -11.11 |
| 住宅 | 1016.94 | -7.05 |
| 办公楼 | 8.03 | -6.52 |
| 商业营业用房 | 89.32 | -38.23 |
| 其他 | 29.79 | -12.49 |
| 商品房销售额（亿元） | 573.79 | -7.05 |
| 住宅 | 471.13 | -0.50 |
| 办公楼 | 6.56 | 61.25 |
| 商业营业用房 | 87.06 | 566.54 |
| 其他 | 9.04 | -0.98 |

资料来源：遵义市住建局。

## （三）商品房库存情况

截至 2019 年底，遵义市商品房库存为 1697.47 万平方米，其中：商品住宅库存为 636.8 万平方米，商业等其他用房库存为 1060.67 万平方米。商品房去化周期为 14.8 个月，其中：商品住宅去化周期为 6.9 个月，商业等其他用房为 47.5 个月。中心城区（不含播州区）商品房库存为 577.5 万平方米，其中：商品住宅库存为 131.12 万平方米，商业等其他用房为 446.38 万平方米。商品房去化周期为 14.9 个月，其中：商品住宅去化周期为 4.4 个月，商业等其他用房为 49.5 个月。

## （四）商品房价格情况

2019年，遵义市新建商品住宅销售均价为4745元/平方米，同比增长7.5%；中心城区（不含播州区）新建商品住宅销售均价为6025元/平方米，同比增长15.8%（中心城区2018年4月1日起推行成品住宅建设）。

## （五）房地产开发企业资金来源情况

2019年，遵义市房地产资金来源621.4亿元，同比增长10.71%，其中：国内贷款31.34亿元，同比增长4.36%；自筹资金258.22亿元，同比增长34.66%。

## （六）住房保障情况

2019年，遵义市完成城市棚户区改造开工任务4079套（户）、棚户区改造基本建成任务35942套；完成新筹集公租房申报3652套并组织进场施工，基本建成任务1774套，完成租赁补贴发放任务7443户，完成城镇老旧小区改造申报16139户并组织进场施工。共计获得保障性住房各类补助资金225832.94万元。

# 二　存在的主要问题

## （一）稳房价与稳销售压力大

受国际国内经济下行、新冠肺炎疫情影响以及棚户区改造政策调整等因素的影响，遵义市改善性住房需求受到抑制，投资型消费有所减弱，市场预期信心有所下降，面临"稳房价"与"稳销售"双重压力。一方面，由于市场预期信心不足，特别是新冠肺炎疫情后，部分房地产开发企业"以价换量"，通过送车位、送装修、送电器等措施，隐性拉低了房价，要实现"三稳"的压力巨大。另一方面，由于面临经济增长的压力，要保持历年的

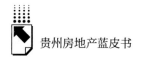
投资和销售水平，持续发挥房地产在经济增长中的支撑作用，"三稳"压力进一步增大。

### （二）区域供地时间过于集中

因政府性债务压力大，偿债的主要途径以土地出让收益为主，导致为了偿还债务土地处置节奏过快，部分地块周边配套设施不完善。部分区域供地时间较为集中，导致商品房销售时间较为集中，易引发企业间的恶性竞争，不利于市场平稳健康发展。

### （三）配套基础设施不完善

部分新区建设交通便捷性不高，配套不完善，区位优势不能充分显现，影响区域房地产市场发展。

## 三　2020年工作展望

2020年，受国际国内经济下行、新冠肺炎疫情影响以及棚户区改造政策调整等因素的影响，改善性住房需求受到抑制，投资型消费有所减弱，市场预期有所下降。预计房地产市场在稳价、稳量以及发挥房地产带动经济增长的作用方面面临更大挑战。但从利好因素看，一是针对疫情带来的影响，中央已经明确宏观调控政策的总基调，在财政政策、货币政策、投资政策等方面都释放出了强烈的利好信号。由于房地产业的关联性、资金的密集型极强，相关宏观政策的"即期效应"将为房地产业复苏带来前所未有的机遇。二是当前遵义市城镇化进程正处于快速提升阶段，城镇化的红利仍将持续释放。三是交通条件不断改善，区位优势进一步凸显，城市辐射能力、聚集能力将进一步增强。

总体看，由于2019年的房地产建设用地供应量为"十三五"以来最多的年份，预计2020年房地产开发投资将保持增长，商品房销售与上年持平，房价基本保持稳定，房地产市场持续平稳健康发展。

# B.9
# 安顺市2019年房地产市场运行报告

安顺市住房和城乡建设局课题组 *

摘　要：　2019年，安顺市围绕中央经济工作会议关于"稳房价、稳地价、稳预期"的总要求，坚持"房子是用来住的、不是用来炒的"属性定位，不断规范房地产市场行为，全面掌握行业运行情况，认真做好分析研究，确保全市房地产市场平稳健康发展。2019年安顺市房地产开发企业投资增长51%。全年商品房销售面积276.25万平方米，增长15.4%。

关键词：　安顺市　房地产市场　房地产开发投资

## 一　2019年房地产市场运行情况

### （一）房地产开发投资情况

2019年安顺市共完成房地产开发投资198.56亿元，同比增长51.0%。其中住宅完成开发投资147.18亿元，同比增长80.2%，商业营业用房完成开发投资7.36亿元，同比增长135.8%，办公楼完成开发投资32.79亿元，同比增长21.5%，其他用房完成开发投资11.21亿元，同比下降43.3%（见表1）。

---

\* 课题组成员：卢霞，安顺市住房和城乡建设局房地产市场管理科负责人；沈宇光，安顺市住房和城乡建设局住房保障科科长。

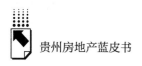

**表1 2019年安顺市房地产开发投资完成情况统计**

单位：亿元，%

| 指标名称 | 金额 | 同比增长 |
|---|---|---|
| 房地产开发投资完成额 | 198.56 | 51.0 |
| 住宅 | 147.18 | 80.2 |
| 商业营业用房 | 7.36 | 135.8 |
| 办公楼 | 32.79 | 21.5 |
| 其他 | 11.21 | −43.3 |

资料来源：安顺市住建局。

## （二）商品房开发建设及销售情况

2019年，安顺市共批准新建商品房施工面积1849.84万平方米，同比增长19.5%。安顺市区批准新建商品房预售面积为273.67万平方米，同比增长33.3%。其中住宅施工面积1100.79万平方米，同比增长26.8%，办公楼施工面积47.87万平方米，同比下降4%；商品房新开工面积510.71万平方米，同比增长36.3%；商品房竣工面积87.11万平方米，同比下降48%；商品房销售面积276.25万平方米，同比增长15.4%；商品房销售额为1360745万元，同比增长14.4%，其中住宅销售额为1129813万元，同比增长28.3%，商业营业用房销售额为194864万元，同比下降28%（见表2）。

**表2 2019安顺市商品房开发建设及销售情况统计**

| 指标名称 | 数量 | 同比增长（%） |
|---|---|---|
| 商品房施工面积(万平方米) | 1849.84 | 19.5 |
| 住宅施工面积 | 1100.79 | 26.8 |
| 办公楼施工面积 | 47.87 | −4.0 |
| 商业营业用房施工面积 | 41.18 | −26.9 |
| 商品房新开工面积(万平方米) | 510.71 | 36.3 |
| 住宅新开工面积 | 358.73 | 36.1 |
| 办公楼新开工面积 | 6.14 | −7 |
| 商业营业用房新开工面积 | 41.18 | −26.9 |
| 商品房竣工面积(万平方米) | 87.11 | −48.0 |

| 指标名称 | 数量 | 同比增长（%） |
|---|---|---|
| 住宅竣工面积 | 56.59 | －50.7 |
| 办公楼竣工面积 | 0 | 0 |
| 商业营业用房竣工面积 | 14.78 | －52.8 |
| 商品房销售面积（万平方米） | 276.25 | 15.4 |
| 住宅销售面积 | 246.03 | 21.2 |
| 办公楼销售面积 | 3.56 | －32.2 |
| 商业营业用房销售面积 | 22.96 | －16.9 |
| 商品房待售面积（万平方米） | 34.55 | －28.3 |
| 住宅待售面积 | 3.4 | －61.4 |
| 办公楼待售面积 | 0 | －100 |
| 商业营业用房待售面积 | 16.54 | －33.9 |
| 商品房销售额（万元） | 1360745 | 14.4 |
| 住宅销售额 | 1129813 | 28.3 |
| 办公楼销售额 | 27976 | 18.7 |
| 商业营业用房销售额 | 194864 | －28.0 |

资料来源：安顺市住建局。

## （三）新建商品房销售价格

安顺市商品房销售均价4987元/平方米，同比增长8.42%，环比下降2.75%。其中：住宅销售价格4552元/平方米，同比增长14.01%，环比增长3.69%；商铺销售价格9940元/平方米，同比增长8.8%，环比下降20.32%。

中心城区商品房销售均价5418元/平方米，同比增长8.71%，环比增长1.4%。其中：住宅销售价格5176元/平方米，同比增长7.5%，环比增长12.95%；商铺销售价格10544元/平方米，同比增长30.54%，环比下降22.44%。

## （四）商品房租赁情况

### 1.机构建设

一是安顺市住建局内设科室成立房屋租赁科，负责指导培育和发展住房租赁市场，指导房屋租赁市场的管理和房屋租赁合同登记备案的管理工作；二是挂牌成立安顺市房屋租赁管理处，负责具体房屋租赁市场的管理和房屋租赁合同登记备案的管理工作。

2. 平台建设

开展政银合作。安顺市住建局和中国建设银行于 2017 年签订了战略合作协议，2018 年启动"住房租赁服务公有云"电子平台，该平台已在全市各县区全面上线并运营，旨在打造安顺市住房租赁综合服务系统，探索和开发安顺住房租赁市场，解决不同需求居民的居住问题。该平台可以实现租赁企业管理、房源核验、合同签订、资金监管、支付结算、金融服务、信用体系、监测分析等监管服务，为百姓选房提供了新的渠道。

搭建网站平台。为加快培育和发展安顺市住房租赁市场，一是在安顺市住房和城乡建设局网站上搭建房屋租售平台（网址：zfcx. anshun. gov. cn），业主可将房屋信息提交到该网页上，待安顺市住建局核查信息后，将核实的房屋信息进行发布，给供需双方提供一个权威的房屋中介信息平台；二是对市区内的房屋中介公司进行了摸底调查，梳理了一批在安顺市住房和城乡建设局备案的房地产中介服务机构，并完善相关信息形成《安顺市已备案房地产中介服务机构基本情况一览表》发布在安顺市住房和城乡建设局网站上；三是为解决住房困难群众住房问题，引导租赁平台的使用，安顺市住房和城乡建设局已投入使用安顺市级保障房项目中的北部新区公租房 50 套，作为首批房屋租赁的房源在平台上发布，并将公租房的申请、准入形成文件说明，凡符合条件的住房困难群众可按照相关流程，到安顺市住房和城乡建设局保障性住房管理中心进行申请；四是由于安顺市城区房屋租赁市场上大量的房屋租赁交易是在缺乏监管的情况下完成的，长期以来存在管理措施不完善、部门信息不共享、租赁房屋供应总量和结构不合理等问题，安顺市住房和城乡建设局与中国建设银行共同搭建安全、阳光、免费、开放的互联网住房租赁服务平台，包括监管服务、企业租赁、共享应用、公租房监测分析等五大系统，整合了供房、承租、撮合、融资、服务五大流程，服务监管机构、房地产企业、专业化住房租赁机构、房地产中介、个人等五类主体；五是培育和发展安顺市住房租赁市场要达到理想的管理效果还需做大量基础工作。安顺市住房和城乡建设局将在下一步工作中加强宣传，正确引导，为培育住房租赁市场营造良好的社会氛围，并积极协调相关部门，支持培育和发展住房租赁市场工作。

## （五）房地产开发企业资金来源情况

2019年末安顺市房地产开发企业资金来源362828万元，同比增长112.2%；2019年当年资金来源1985317万元，同比增长44.7%；国内贷款24256万元，同比下降47.3%；其中，银行贷款23256万元，同比下降40.4%；非银金融机构贷款1000万元，同比下降85.7%；自筹资金1209197万元，同比增长65.4%；其他资金430543万元，其中，定金及预收款228653万元，同比下降43.6%，个人按揭贷款92668万元，同比下降45.8%。

## （六）住房保障情况

2019年贵州省政府与安顺市签订的目标责任书为：棚户区住房改造开工11689套，基本建成11345套户。

1. 棚户区改造开工情况

按各县区上报的统计数据，2019年安顺市计划开工改造棚户区11689套，共15个项目，计划总投资约17.68亿元。截至2019年底，安顺市完成棚户区改造开工任务11723套（其中货币化安置1020套，危旧房综合整治10005套，安置房建设698套），开工率100.29%。

2. 基本建成情况

按各县区上报的统计数据，2019年安顺市各类保障性住房基本建成共11891套，完成目标任务9979套的119.16%。其中城市棚户区改造完成基本建成11891套（含货币安置套数）。

## （七）存在的主要问题

近年来，由于部分房开企业对行业发展和社会经济发展行情把握不准，未科学谋划开发建设，加之受网络电商冲击，商品房库存历史积累较高。另外，在调研中发现科学规划尤为重要，房地产市场对区域生活、教育、医疗等基础配套设施依赖性较高，生活便利、教育设施配套、医疗机构完善的安顺市主城区项目商品房很快就能售罄，如国际佳缘、家运天城等项目。但在经开区目前配套设施还跟不上的万象御墅、湖滨首府、凤凰翰林苑、清馨雅苑、黔洲欢乐城等项目商品房比较滞销。

## 二 2020年工作展望

2020年，安顺市住房和城乡建设局将按照中央经济会议关于"稳房价、稳地价、稳预期"的总要求，坚持"房子是用来住的、不是用来炒的"属性定位，着重在以下几个方面推动安顺市房地产市场平稳健康发展。

一是以市场为导向，合理调节房地产要素。根据安顺市人口增长、产业发展、房地产市场情况和地价走势，适时调整和修订中长期土地收购、储备和供应计划，对供给量和供给空间结构做出调整，合理配置有限的城市土地资源。从安顺市实际来看，除了对基础设施配套相对完善，短期内可迅速改变城市面貌或拉动周边发展的项目优先安排供应外，应适当控制商品房土地供应，避免出现地价波动、房地产库存积压等情况。要改变粗放的供地方式，对于功能高度类似土地的供给应拉开足够的时间梯度，注重房地产开发周期，合理安排先后次序，消除不利于城市发展的空间竞争及重复建设，以保证城市土地的合理高效利用及房地产业的健康发展，并给城市长期发展留有充分的余地。同时，针对目前库存量较大的问题，建议通过召开房地产交易会、对外城市形象营销房地产信息发布、对外招商分局开展避暑楼盘营销等方式，吸引外来购房群体，消化现有存量。

二是坚持规划引领，提升城市建设水平。加大城市重点发展区域控制性详细规划和各类专项规划的编制力度，科学配置城市资源要素，加快推进教育、医疗、农贸市场、社区服务中心、健身广场等配套设施建设，不断提高居民的居住水平。积极引导和鼓励开发商从市场需求出发，针对不同消费群体的消费特征和购买能力，开发不同档次、不同价位的商品房，丰富产品结构。规划设计条件可考虑在今后开发地块中明确开发性质为纯住宅，限定大中小套型住房比例，从而改善商品房供应过剩的情况。针对安顺市住宅小区规模普遍偏小的现状，鼓励规划建设较大规模的住宅小区，以降低小区开发成本，增强小区配套功能。探索建立房地产有关信息发布制度，对购房的数量、户型、面积、位置、价格等相关统计信息进行定期发布，防止盲目建设，减少社会的浪费，有效解决供需矛盾，为房地产业的健康发展提供一个权威、科学的信息获取平台。

三是立足安顺市走出去做城市营销。充分发挥安顺市丰富的旅游资源和得天独厚的气候优势，利用好安顺市房地产市场的价格优势，打响"冬在三亚、夏居安顺"名片，鼓励房开企业到常年气温较高的重庆、长沙、上海、成都、广州等城市开展城市营销活动，大力宣传安顺市宜居宜业的城市环境，不断吸引更多的外地人到安顺市旅游、置业。同时，充分利用本地资源，在安顺市黄果树瀑布等大型景区适宜位置设置商品房推介展厅，在游客排队、候车之余了解安顺市商品房市场。通过外地引客源和本地留游客的方式，达到拓宽安顺市商品房销售渠道的目的。

# B.10
# 毕节市2019年房地产市场运行报告

毕节市住房和城乡建设局课题组 *

摘　要：　毕节市房地产业整体处于从高速发展到结构调整和转型阶段，房地产业的发展为毕节市社会经济全面发展、新型城镇化推进、提高居民居住条件、提升城市形象和完善城市功能做出了巨大的贡献。

关键词：　毕节市　房地产市场　房地产开发投资

## 一　房地产市场运行情况

### （一）房地产开发投资情况

2019年毕节市完成房地产开发投资230.49亿元，同比增长28.21%，其中住宅投资173.94亿元，同比增长36.17%，占总投资的75.46%；商业营业用房投资34.06亿元，同比下降7.22%，占总投资的14.77%；办公楼投资0.19亿元，同比下降88.84%，占总投资的0.08%；其他用房投资22.3亿元，同比增长64.15%，占总投资的9.67%（见表1）。

---

* 课题组成员：肖茂杰，毕节市住房和城乡建设局房地产市场监管科科长；刘启，毕节市房地产交易大厅总工程师。

表1 2019年毕节市房地产开发投资完成情况统计

单位：亿元，%

| 指标名称 | 金额 | 同比增长 |
|---|---|---|
| 房地产开发投资完成额 | 230.49 | 28.21 |
| 住宅 | 173.94 | 36.17 |
| 商业营业用房 | 34.06 | −7.22 |
| 办公楼 | 0.19 | −88.84 |
| 其他 | 22.3 | 64.15 |

资料来源：毕节市住建局。

## （二）商品房开发建设及销售情况

2019年毕节市商品房施工面积2796.91万平方米，同比上升20.48%；商品房新开工面积737.94万平方米，同比上升13.65%；商品房竣工面积105.58万平方米，同比上升126.29%；商品房销售面积615.4万平方米，同比上升10.56%；商品房销售额270.76万元，同比上升8.85%（见表2）。

表2 2019年毕节市商品房开发建设及销售情况统计

| 指标名称 | 数量 | 同比增长（%） |
|---|---|---|
| 商品房施工面积(万平方米) | 2796.91 | 20.48 |
| 住宅施工面积 | 1981.71 | 26.38 |
| 办公楼施工面积 | 21.88 | −27.57 |
| 商业营业用房施工面积 | 418.41 | −5.22 |
| 商品房新开工面积(万平方米) | 737.94 | 13.65 |
| 住宅新开工面积 | 543.63 | 12.32 |
| 办公楼新开工面积 | 0.3 | −95.97 |
| 商业营业用房新开工面积 | 58.51 | −15.21 |
| 商品房竣工面积(万平方米) | 105.58 | 126.29 |
| 住宅竣工面积 | 60.4 | 113.99 |
| 办公楼竣工面积 | 2.89 | 44.01 |
| 商业营业用房竣工面积 | 29.12 | 154.4 |
| 商品房销售面积(万平方米) | 615.4 | 10.56 |
| 住宅销售面积 | 545.34 | 15.37 |
| 办公楼销售面积 | 4.28 | 39.48 |
| 商业营业用房销售面积 | 49.08 | −31.37 |

| 指标名称 | 数量 | 同比增长（%） |
|---|---|---|
| 商品房销售额（万元） | 270.76 | 8.85 |
| 住宅销售额 | 224.24 | 24.75 |
| 办公楼销售额 | 2.17 | 69.68 |
| 商业营业用房销售额 | 39.09 | −39.34 |

资料来源：毕节市住建局。

### （三）新建商品房销售价格

2019 年毕节市商品房网签销售均价 4609 元/平方米，同比增长 0.5%，其中商品住宅网签销售均价 4121 元/平方米，同比增长 12.4%。

### （四）商品房租赁情况

2019 年毕节市住房和城乡建设局全面贯彻落实党的十九大及中央经济工作会议关于建立租购并举的住房制度，继续加快培育和发展毕节市住房租赁市场，以满足市民住房需求为出发点，破解住房销售的单一渠道，解决新市民的住房需求，从规范中介服务机构、加强房地产经纪人员培训、支持专业化机构化住房租赁企业发展、加大租赁利益相关方合法权益保护等方面着手，促进毕节市租赁市场规范健康发展。

### （五）二手房交易情况

2019 年毕节市二手房成交 5.16 万平方米，成交均价 2280 元/平方米。成交面积同比下降 78.72%，成交均价同比下降 65.4%。

### （六）房地产开发企业资金来源情况

根据中国人民银行毕节市中心支行的数据，2019 年毕节市房地产开发贷款余额 207.31 亿元，同比下降 0.33%，其中个人住房贷款余额 231.85 亿元，同比增长 21.37%，进一步有力地支持了毕节市房地产业发展。

### （七）住房保障情况

2019年毕节市计划发放城镇住房租赁补贴2130户，截至12月底实际发放4272户，发放率200.56%。2007~2015年，毕节市各县（区）有公租房建设任务107567套（不含盘活），截至2019年12底，在建3890套，竣工103677套，已分配100551套，分配率93.48%，分配率比上一年度提高2.62个百分点。通过实物保障和发放住房租赁补贴并举，有效解决了城镇中低收入人员、新就业无房职工、外来务工人员等困难群众的住房困难问题，促进社会经济稳定发展。

## 二 毕节市房地产市场存在的问题

2019年毕节市房地产市场主要存在的问题有以下几个方面。

一是受疫情影响，广大市民的消费关注点主要集中在疫情防控和生产生活所需必要物资上，对于商品房，很多消费者尚未提上日程；另据企业跟踪意向购房客户的反馈，部分消费者认为疫情会对商品房价格产生影响，因此持观望态度，导致毕节市商品房销售面积指标出现较大下滑。

二是毕节市房地产项目推进问题多，受征地拆迁（不能净地交付）、方案审查（周期很长）等因素影响，新开工项目少。

三是土地供应方式和释放市场节奏缺乏研究，房地产市场发展缺乏规划指引。

四是企业发展问题突出，房开企业自身抗风险能力弱、管理水平低；企业发展的外部环境缺乏行业政策指导，缺乏金融政策支撑，政务服务、交易服务水平有待提高。

## 三 毕节市房地产发展建议

### （一）强供给

全力推进新开工和在建项目建设，继续推进服务企业复工复产、满产达产中好的经验做法。建议各县区专题研究房地产招商引资工作，加大招商引资力度，完善招商平台，使毕节市成为"悦者来、来者悦"的投资兴业沃土，通过引进优强企业带动区域房地产业发展。

## （二）扩需求

一是对内做增量。制订城镇化建设年度计划，促进农业转移人口市民化；继续推进城棚改、老旧小区改造等工作，保持基本居住型开发项目建设；认真研究住房消费市场改善需求，加强高品质、改善型开发项目建设。二是对外强推介。要依托毕节市的对外推介大平台，把毕节市的交通区位优势、独特的气候旅游资源优势彰显出来，打出毕节名片；充分利用城市间招商引资交流和行业协会互动，将毕节市的房地产开发政策优势、市场优势、价格优势彰显出来，通过策划网上房交会等方式，加强对外招商引资和市场营销力度。

## （三）优服务

一是提高政务服务水平，通过较快推进"工改"工作，进一步深化"放管服"改革和行政审批制度改革，进一步优化政务服务，增强企业投资信心。二是加强法治政府建设，通过严厉打击非法集资、金融诈骗等破坏市场秩序的行为，积极维护市场主体合法权益。三是适时研究支持房地产业发展的政策措施，促进毕节市房地产市场平稳健康发展。

# 四 2020年工作展望

毕节市拥有得天独厚资源的优势，气候条件独一无二，以及多山多丘陵的地形地貌，都是毕节市房地产发展的重要依托，毕节市房地产业未来发展在满足改善型、高品质住房需求和适应并助推高速城镇化需求的基本格局下，依托高铁时代的机遇，2020年毕节市房地产市场将呈现平稳健康发展的趋势。

# B.11
# 铜仁市2019年房地产市场运行报告

铜仁市住房和城乡建设局课题组*

**摘　要：** 过去一年，在市委、市政府的坚强领导下，铜仁市住房和城乡建设局坚持以习近平新时代中国特色社会主义思想为指导，认真贯彻党的十九大和习近平总书记对贵州工作的系列重要指示批示精神，全面落实党中央、国务院以及贵州省委、省政府和铜仁市委、市政府各项决策部署，较好完成了房地产投资、商品房销售等目标任务。

**关键词：** 铜仁市　房地产市场　房地产投资　商品房销售

2019年，铜仁市坚持以习近平新时代中国特色社会主义思想为指导，认真贯彻党中央和习近平总书记对贵州工作的系列重要指示批示精神，全面落实上级各项决策部署，围绕"一区五地"建设目标，着力加强房地产市场监管和引导，不断完善市场调控体系，市场供需基本平衡，开发投资稳步增长，房源供求基本保持平衡，没有出现过热、过量现象，铜仁市房地产业呈平稳、健康发展势态。

---

\* 课题组成员：蓝电，铜仁市住房和城乡建设局党组成员、房地产交易管理处处长；袁飞，铜仁市住房和城乡建设局房地产市场监管科科长；万磊，铜仁市住房和城乡建设局交易处租赁管理科副科长。

# 一　市场运行情况

## （一）市场分析

总体上看，近年来，铜仁市房地产市场运行平稳。一是铜仁市棚改货币化安置方式拓宽去库存渠道，客观上促进了新房开项目的实施。二是新型城镇化推进，加快了农民工市民化进程，推动了农民工等群体在城镇购房，一定程度上刺激了住房刚性需求。三是移民搬迁脱贫攻坚工程的实施，一定程度上带动了主城区和各县城中心的住房需求。四是健康产业不断发展，可以合理引导过剩商业地产转向养老文化体育等用房，达到消减商品房存量的目的。

## （二）市场基本情况

截至 2019 年底，铜仁市共有房开企业 431 家，其中二级资质房开企业 34 家，三级资质房开企业 91 家，四级资质房开企业 75 家，暂定级房开企业 231 家。房地产市场运行总体平稳健康，是铜仁市国民经济重要组成部分。

据统计局数据，2019 年铜仁市完成房地产投资 162.85 亿元，同比增长 32.0%，贵州省排名第六，占全年任务（123 亿元）的 132.4%；其中住宅完成开发投资 125.06 亿元，同比增长 51.4%，商业营业用房完成开发投资 25.09 亿元，同比下降 1.1%，办公楼完成开发投资 1.49 亿元，同比下降 57.5%，其他用房完成开发投资 11.22 亿元，同比下降 5.4%（见表 1）。

2019 年铜仁市商品房施工面积 1512.99 万平方米，同比增长 22.8%；商品房新开工面积 554.10 万平方米，同比增长 249.6%；商品房竣工面积 65.28 万平方米，同比下降 64.3%；商品房销售面积 410.96 万平方米，同比增长 16.27%，全省排名第一，超目标任务（10%）6.27 个百分点，占全年任务（390 万平方米）的 105.37%。商品房销售额 1725100 万元，同比增长 25.5%，其中住宅销售 1475600 万元，同比增长 42.1%，办公楼销售

300万元，同比下降96.7%，商业营业用房销售237800万元，同比下降17.8%（见表2）。根据网签日报数据，2019年铜仁市商品房均价3911.09元/平方米，同比下降5.14%，其中住宅均价为3767.67元/平方米，同比增长3.5%。

2019年铜仁市批准预售商品房面积646.65万平方米，同比增长16.46%。其中，商品住宅511.83万平方米，同比增长22.63%。全市商品房库存总面积1024.91万平方米，去化周期为29.45个月，其中商品住宅488.57万平方米，去化周期为16.44个月。

房地产从业人员增速为12.90%，超目标任务（5%）7.9个百分点，增速全省排第四；房地产单位从业人员劳动报酬增速为24.10%，超目标任务（10%）14.10个百分点，增速全省排第三；"四上企业"及投资项目新入库户数45个，超年度目标任务25个。

### 表1 2019年铜仁市房地产投资情况

单位：亿元，%

| 指标名称 | 金额 | 同比增长 |
| --- | --- | --- |
| 房地产开发投资完成额 | 162.85 | 32.0 |
| 住宅 | 125.06 | 51.4 |
| 商业营业用房 | 25.09 | −1.1 |
| 办公楼 | 1.49 | −57.5 |
| 其他 | 11.22 | −5.4 |

资料来源：铜仁市住建局。

### 表2 2019年铜仁市商品房施工、销售情况

| 指标名称 | 数量 | 同比增长（%） |
| --- | --- | --- |
| 商品房施工面积(万平方米) | 1512.99 | 22.8 |
| 住宅施工面积 | 1026.61 | 24.1 |
| 办公楼施工面积 | 13.33 | −18.6 |
| 商业营业用房施工面积 | 257.59 | 11.8 |
| 商品房新开工面积(万平方米) | 554.10 | 249.6 |
| 住宅新开工面积 | 396.87 | 20.3 |
| 办公楼新开工面积 | 3.42 | −26.0 |

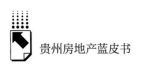
续表

| 指标名称 | 数量 | 同比增长（%） |
|---|---|---|
| 商业营业用房新开工面积 | 71.49 | 35.2 |
| 商品房竣工面积（万平方米） | 65.28 | −64.3 |
| 住宅竣工面积 | 49.72 | −60.5 |
| 办公楼竣工面积 | 0.25 | −84.8 |
| 商业营业用房竣工面积 | 10.94 | −66.3 |
| 商品房销售面积（万平方米） | 410.96 | 16.3 |
| 住宅销售面积 | 376.13 | 27.2 |
| 办公楼销售面积 | 0.08 | −96.4 |
| 商业营业用房销售面积 | 33.01 | −29.2 |
| 商品房销售额（万元） | 1725100 | 25.5 |
| 住宅销售额 | 1475600 | 42.1 |
| 办公楼销售额 | 300 | −96.7 |
| 商业营业用房销售额 | 237800 | −17.8 |

资料来源：铜仁市住建局。


## 二　铜仁市房地产市场存在的主要问题

一是投资增长乏力。2019 年，铜仁市入统项目 45 个，各地新增项目减少。如松桃县新入统项目仅 2 个、玉屏县新入统项目仅 2 个、沿河县新入统项目仅 1 个，多地项目少、投资贡献力低，导致投资额持续负增长，严重影响全市投资增速。

二是项目建设进度慢。由于征地拆迁难、审批周期过长、建设资金紧张等原因，项目建设进度受影响，延缓了项目入市，影响项目入统。一些区县大项目长时间处于停工状态或不能全面开工建设。

三是企业融资难。房地产开发项目所需要的资金巨大，融资成为房地产企业经营的主要手段，由于金融政策调整，房地产企业融资渠道狭窄、融资金额缩减，导致商品房销售按揭回款慢，企业回笼资金周期变长，影响项目的建设进度、销售情况。如房开项目二层商业不办理按揭业务，减少房屋按揭额度，影响了项目建设及销售。

四是企业抗风险能力弱。部分房地产开发企业实力较弱、抗风险能力不强，在融资渠道和融资额度受限时，拿不出有效手段应对，往往采取各类违法违规经营方式。如违规宣传、在未取得预售许可证的情况下收取定金等行为。

五是去库存压力大。截至2019年12月底，铜仁市商品房库存总面积1024.91万平方米，去化周期为29.45个月。特别是主城区商品房库存面积523.64万平方米，去化周期39个月。商品房库存面积大，去化周期长，供给侧过剩，商业用房空置率高，去库存压力较大。

# 三　2020年工作展望

## （一）下步工作打算

一是加强协调调度。切实化解矛盾纠纷，帮助解决企业开发过程中的困难和问题，推进项目建设进度，确保全年目标任务完成。

二是加大督促指导。进一步摸清项目底数和建设情况，督促指导企业做好统计数据上报，做到应统尽统。

三是增加市场供给。在法律法规范围内适当降低主城区商品房预售许可对形象进度的要求，适当加快审批节奏，加大市场供应，确保价格稳定。

四是强化市场监管。加强房开企业的资质管理，把好"入门关"；及时查处房地产开发、中介、租赁企业的违法违规行为，规范房地产市场秩序，把好市场关。

五是加快编制、实施《城市住房发展规划》，精准为房地产业发展把脉定向，维护市场运行健康有序。

## （二）对未来的展望

2020年，铜仁市的房地产业发展将在贵州省委、省政府，铜仁市委、市政府的正确的领导下，全力推进"一区五地""一带双核"战略部署，以贵州省第十六届旅发大会筹备建设工作为契机，充分利用高铁建设的有利条

件，因地制宜、规范有序积极探索、推进高铁车站周边区域开发建设，提升设施服务、产业发展、人口集聚、政策配套等支撑能力，促进城镇空间合理布局和城市空间结构优化，推动房地产开发建设与城市发展良性互动、有机协调。不断增强房地产市场发展内生动力，实现房地产投资节节增高、商品房面积销售不断增长，不断满足人们对品质住房的需求。

# B.12

# 黔西南州2019年房地产市场运行报告

黔西南州住房和城乡建设局课题组*

摘　要：　2019 年，黔西南州全州地区生产总值增长 10%，固定资产投资增长 5.8%，金融机构人民币存贷款余额增长 10.04%；城镇、农村常住居民人均可支配收入分别增长 8.6% 和 9.6% 左右，较好地完成了年初既定目标任务。在州委州政府坚强领导下，黔西南州住房和城乡建设局全面贯彻落实国家、省、州决策部署，坚持"房子是用来住的、不是用来炒的"定位，因地制宜、因城施策，房地产市场整体呈平稳健康发展态势。

关键词：　黔西南州　房地产市场　住房保障

## 一　2019年房地产市场基本情况

### （一）房地产开发投资完成情况

2019 年，黔西南州累计完成房地产开发投资 128.07 亿元，同比增长 4%。其中：住宅投资 98.18 亿元，同比增长 8.6%；商业营业用房投资

* 课题组成员：曾效国，黔西南州住房和城乡建设局房地产市场监管科科长；陈凯，黔西南州住房和城乡建设局房地产市场建管科副科级工作人员；陈磊，黔西南州住房和城乡建设局房地产市场监管科工作人员。

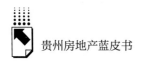

15.32亿元，同比下降21.43%；办公楼投资0.87亿元，同比下降2.25%；其他用房投资13.70亿元，同比增长10.66%（见表1）。

表1　2019年黔西南州房地产开发投资完成情况统计

单位：亿元，%

| 指标名称 | 金额 | 同比增长 |
| --- | --- | --- |
| 房地产开发投资完成额 | 128.07 | 4 |
| 住宅 | 98.18 | 8.6 |
| 商业营业用房 | 15.32 | -21.43 |
| 办公楼 | 0.87 | -2.25 |
| 其他 | 13.70 | 10.66 |

资料来源：黔西南州住建局。

## （二）商品房开发建设及销售情况

1. 项目开发建设情况

2019年，黔西南州在建房地产项目共计201个，累计施工商品房面积1857.32万平方米，同比增长13.76%；累计新开工商品房面积500.17万平方米，其中，住宅新开工面积378.23万平方米；办公楼新开工面积3.41万平方米；商业营业用房新开工面积44.18万平方米；其他用房新开工面积74.35万平方米。累计竣工商品房面积45.80万平方米，其中，住宅竣工面积33.97万平方米；商业营业用房竣工面积4.99万平方米；其他用房竣工面积6.84万平方米。

2. 商品房销售情况

2019年，黔西南州共销售商品房429.46万平方米，同比增长5%。其中，住宅销售面积371.31万平方米，同比增长3.58%；办公楼销售面积4.37万平方米，同比增长3.56%；商业营业用房销售面积42.66万平方米，同比增长6.49%，其他用房销售面积11.12万平方米（见表2）。

表 2　2019 年黔西南州商品房开发建设及销售统计

| 指标名称 | 数量 | 同比增长(%) |
|---|---|---|
| 商品房施工面积(万平方米) | 1857.32 | 13.76 |
| 住宅施工面积 | 1320.81 | 20.07 |
| 办公楼施工面积 | 12.83 | -14.69 |
| 商业营业用房施工面积 | 224.97 | -6.9 |
| 商品房新开工面积(万平方米) | 500.17 | -8.93 |
| 住宅新开工面积 | 378.23 | -4.38 |
| 办公楼新开工面积 | 3.41 | -26.5 |
| 商业营业用房新开工面积 | 44.18 | -11.23 |
| 商品房竣工面积(万平方米) | 45.80 | -71.25 |
| 住宅竣工面积 | 33.97 | -57.38 |
| 办公楼竣工面积 | 0 | -100 |
| 商业营业用房竣工面积 | 4.99 | -88.86 |
| 商品房销售面积(万平方米) | 429.46 | 5 |
| 住宅销售面积 | 371.31 | 3.58 |
| 办公楼销售面积 | 4.37 | 3.56 |
| 商业营业用房销售面积 | 42.66 | 6.49 |
| 商品房销售额(万元) | 192.26 | 7.8 |
| 住宅销售额 | 149.53 | 4.08 |
| 办公楼销售额 | 2.39 | 3.9 |
| 商业营业用房销售额 | 35.21 | 15.48 |

资料来源：黔西南州住建局。

## （三）新建商品房销售价格情况

2019 年，黔西南州完成商品房销售额 192.26 亿元，同比增长 7.8%，其中，住宅销售额 149.53 亿元，同比增长 4.08%；办公楼销售额 2.39 亿元，同比增长 3.9%；商业营业用房销售额 35.21 亿元，同比增长 15.48%。黔西南州商品房销售均价 4476 元/平方米，同比增长 2.05%，其中住宅销售均价 4027 元/平方米，同比增长 1.26%。

## （四）二手房销售情况

2019 年，黔西南州二手房成交 58.21 万平方米，成交均价 2843.54 元/

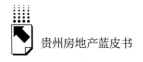

平方米，其中，二手住宅成交 3810 套 47.87 万平方米，成交均价 2834.74 元/平方米。

### （五）房地产开发企业资金来源情况

2019 年，黔西南州房地产开发企业资金来源 162.40 亿元，同比增长 35.69%，其中：国内贷款 6.32 亿元，同比增长 18.57%；自筹资金 36.60 亿元，同比下降 3.3%；其他资金 119.49 亿元（包括定金及预收款 48.33 亿元，个人按揭贷款 61.64 亿元），同比增长 15.01%。

### （六）住房保障情况

2019 年，黔西南州住房保障工作有序推进。一是签订城市棚户区改造协议 3300 套（货币安置 2200 套，危旧房改造 1100 套），完成率为 100%；基本建成 10852 套（棚改房 10483 套，公租房 369 套），完成率为 350.06%；新增公租房分配 1555 套；完成投资 645852.35 万元，完成率为 104.17%；发放城镇保障家庭租赁补贴 3189 户 579.96 万元，完成率为 96.34%。二是成立了黔西南州住房和城乡建设局老旧小区改造工作领导小组，出台了《黔西南州城镇老旧小区改造 2019 年工作实施方案》。实施老旧小区改造 39 个小区涉及 3812 户 185 栋 30.82 万平方米，明确兴义市吉利一区为全州老旧小区改造试点小区。三是筹集到位 2019 年城镇保障性安居工程上级补助资金共 6.96 亿元（其中：中央补助资金 1.41 亿元，基础设施配套费 5.51 亿元，省级补助资金 0.04 亿元）。帮助各县（市、新区）做好棚改项目融资贷款、公租房新租贷出具贷款确认函等工作事宜。筹集到位城镇老旧小区改造上级补助资金共 5236.36 万元（其中：中央补助资金 3126.36 万元，基础设施配套费 2010 万元，省级补助资金 100 万元）。四是累计审核兑现 317 个单位 4610 名职工存量补贴余额共计 1366.66 万元；累计查实并纠正历史错误涉及 348 人，纠正资金 140.26 万元；累计解决房改遗留产权问题 8 户、办理房改售房产权手续 10 户，收缴售房款（含土地收益金）131.4396 万元，办理房改房上市交易许可证 55 个。

# 二 存在的主要问题

## （一）供需结构失衡

受棚改政策影响，黔西南州城镇居民住房需求在2017年高峰后逐步降低，而部分县（市）房地产过度开发，结构失衡，导致库存增大。目前黔西南州商品房可销售面积共计648.24万平方米，其中，商品住宅可售面积为330.28万平方米，去化周期为11个月；商业用房可售面积为317.34万平方米，占总库存的48.95%，去化周期为83个月。从全州商业用房的库存量来看，商业用房的需求已经趋于饱和甚至供过于求，商业用房去化周期长，去库存任务艰巨。

## （二）小区品质不高

房地产业正逐步进入微利时代，部分房地产开发商可持续发展的认识不足，质量意识不强，存在只重短期效益、忽视长远规划的情况。目前，黔西南州整体上高品质小区占比不高，房型种类单一，与市场需求不相符。

## （三）住房租赁市场推进难度大

黔西南州住房租赁市场刚性需求小，缺乏专业化租赁企业，房屋租赁多为居民个人住房，租赁双方基本为私下交易。根据《贵州省住房和城乡建设厅关于组织开展中心城市发展住房租赁市场试点工作的通知》（黔建房字〔2019〕117号）要求，兴义市作为全省住房租赁试点城市之一，在工作推进过程中，采取了鼓励支持房地产企业从单一开发销售模式向租售并举模式转变、鼓励个人出租房屋实行免费登记备案等措施，但因涉及税费和企业利益等因素，企业和租户支持力度小，工作推进难度大。

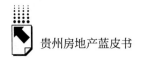

# 三 2020年工作展望

2020年，规划建设一批高质量、高品质楼盘，打造多元产品，增大住房选择面，让群众从"住有所居"迈向"住有宜居"。一是坚持"房子是用来住的、不是用来炒的"定位，着力建立和完善房地产市场平稳健康发展的长效机制，坚决防范化解房地产市场风险。二是加快编制《黔西南州住房发展规划》，明确黔西南州住房发展目标、重点任务和政策措施，合理确定住房和用地供应规模、结构、时序，切实解决供需矛盾。三是引导房地产开发企业从供给侧着手，加快打造一批质量过硬、功能完善、配套齐全、管理规范的品质小区，满足不同家庭、不同类型人群的住房需求。四是按照《贵州省住房和城乡建设厅关于组织开展中心城市发展住房租赁市场试点工作的通知》（黔建房字〔2019〕117号）要求，指导兴义市做好住房租赁试点工作，形成有效经验向全州铺开，积极推进黔西南州住房租赁市场健康发展。五是加大房地产市场监管力度，加强与市场监管、自然资源等部门的配合联动，继续做好房地产乱象专项整治行动。

# B.13
# 黔东南州2019年房地产市场运行报告

黔东南州住房和城乡建设局课题组*

**摘　要：** 2019年，黔东南州房地产开发投资呈恢复性较大幅度增长，完成投资总量接近黔东南州2016年140.30亿元的历史最高点，增速排贵州省第1位。新建商品房销售面积保持增长趋势，商品住宅销售价格趋于平稳，房地产市场总体继续保持平稳健康发展态势。

**关键词：** 黔东南　房地产市场　商品房销售

## 一　房地产市场运行基本情况

### （一）房地产开发投资呈恢复性较快增长，投资总量抵近历年最高点

据统计部门统计，2019年黔东南州房地产开发投资累计完成138.79亿元，同比增长59.1%，占贵州省房地产开发投资总额3155.84亿元的4.40%，增速排贵州省第1位（不含贵安新区，下同），增速较2018年提升5位；占比排贵州省第7位，完成投资总量接近黔东南州2016年140.30亿元的历史最高点。其中，住宅完成投资100.92亿元，同比增长95.7%，占

---

\* 课题组成员：刘油，黔东南州住房和城乡建设局副局长；秦主兵，黔东南州住房和城乡建设局房地产市场管理科科长；刘丽娟，黔东南州房屋交易管理所副所长；李晏任，黔东南州房屋交易管理所工作人员。

总投资的 72.7%，占比同比增加 13.6 个百分点；办公楼完成投资 1.23 亿元，同比增长 34.4%，占总投资的 0.9%；商业营业用房完成投资 19.04 亿元，同比增长 10.2%，占总投资的 13.7%（见图 1）。

图 1　2011～2019 年黔东南州房地产开发投资情况

资料来源：黔东南州统计局。

2019 年，黔东南州房地产开发投资占全省房地产开发投资总额的 4.40%，较 2018 年略有增长，提高 0.77 个百分点（见图 2）。

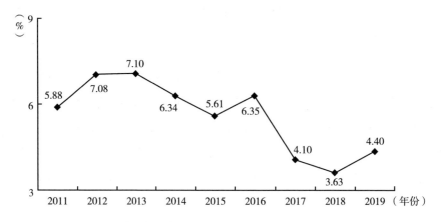

图 2　黔东南州房地产开发投资占比情况

资料来源：黔东南州统计局。

从贵州省各市（州）房地产开发投资增速情况来看，2019 年黔东南州投资增速居第一位，投资增速为 59.1%，高出投资增速排名第二的安顺市 8.1 个百分点（见图 3）。

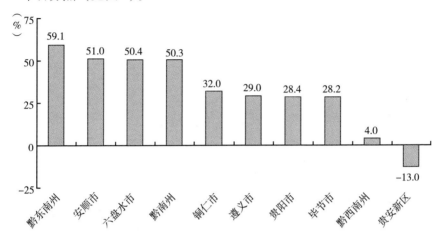

**图3 2019 年贵州省各市（州）房地产开发投资增速情况**

资料来源：黔东南州统计局。

统计部门数据显示，从 2013～2019 年黔东南州、黔南州、黔西南州等三个自治州的房地产开发投资完成情况看，黔东南州 2019 年房地产开发投资完成情况明显低于黔南州，基本与黔西南州持平（见图 4）。

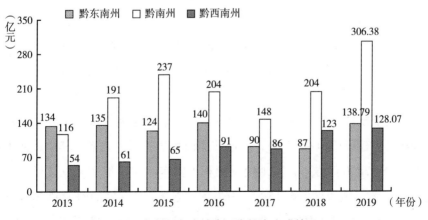

**图4 各州近年房地产开发投资完成情况**

资料来源：黔东南州统计局。

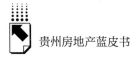

从黔东南州各地市县 2019 年房地产开发投资完成情况看，其中，凯里市完成投资 67.44 亿元，同比增长 23.8%，占全州完成投资的 48.6%；其他 15 个县共完成 71.34 亿元，同比增长 117.7%，占全州完成投资的51.4%（见图 5）。

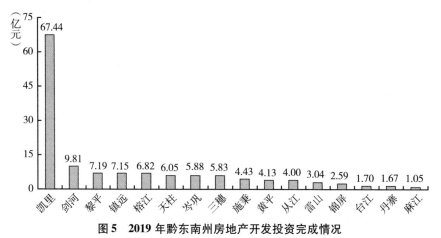

**图 5　2019 年黔东南州房地产开发投资完成情况**

资料来源：黔东南州住建局。

## （二）房地产开发企业购置土地面积三年来持续下降，开发建设用地储备主要集中在凯里市

统计部门数据显示，2019 年黔东南州房地产开发购置土地面积 5.66 万平方米，同比下降 21.7%，土地成交面积连续三年下降，但是降幅比上年收窄了 52.6 个百分点；土地成交金额 0.69 亿元，同比下降 54.6%（见图6）。

据行业统计，截至 2019 年底黔东南州已取得土地使用权未开工建设的房地产开发建设用地有 41 宗，土地使用面积 209 万平方米。其中，凯里市21 宗，共 178 万平方米，土地使用面积占黔东南州房地产开发建设存量用地的 85.2%（凯里城区有 15 宗、161 万平方米，占比 77.0%；凯里经济开发区有 6 宗、17 万平方米，占比 8.1%）；其他 15 个县总计有 20 宗，共 31万平方米，占比 14.8%（见图 7）。

**图6 2011~2019年黔东南州房地产开发购置土地面积情况**

资料来源：黔东南州住建局。

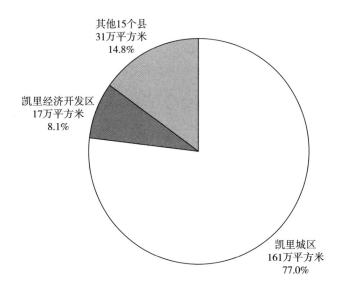

**图7 2019年黔东南州待开发房地产建设用地分布情况**

资料来源：黔东南州住建局。

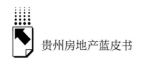

## （三）房地产新开工面积大幅增长、在建项目施工面积连续两年保持较大幅度增长

房地产新开工面积大幅增长。据统计部门统计，2019 年黔东南州房地产新开工面积共计 461.06 万平方米，同比增长 121.7%；其中住宅新开工面积 354.84 万平方米，同比增长 159.8%。凯里市新开工面积 144 万平方米，同比增长 82.3%；其中，住宅新开工面积 110 万平方米，同比增长 139.1%（见图 8）。

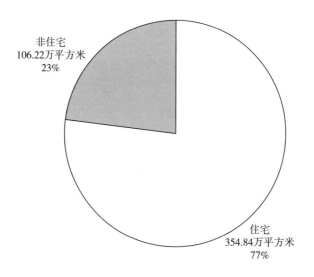

**图 8　2019 年黔东南州房地产新开工面积分布情况**

资料来源：黔东南州统计局。

房地产在建施工面积连续两年增加，创历史新高。2019 年黔东南州房地产在建施工面积 1831 万平方米，同比增长 38.9%。其中，住宅施工面积 1114 万平方米，同比增长 52.2%；商业及办公用房和其他用房面积 717 万平方米，同比增长 22.4%。住宅和非住宅施工面积分别占施工总面积的 60.8%、39.2%。商业及办公用房和其他用房施工面积占比同比下降了 5.3 个百分点，在近五年持续提高的基础上趋于稳定，受电商及线下经济的影

响，商业及办公用房在一定时期内趋于饱和，开发规模逐步收缩调整（见图9、图10）。

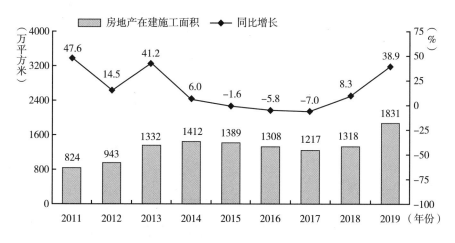

**图9　2011～2019年黔东南州房地产在建施工情况**

资料来源：黔东南州统计局。

**图10　2011～2019年黔东南州商品房开发用途分类情况**

资料来源：黔东南州统计局。

## （四）普通商品住房供需趋于平衡，普通商品房供需矛盾基本缓解

据行业统计，2019年黔东南州累计批准预售新建商品房面积489.21万

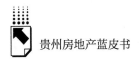

平方米。其中，住宅面积 425.36 万平方米、32453 套，上市供应住宅面积比销售面积多 84.01 万平方米。凯里市批准预售住宅面积 211.05 万平方米、15700 套，上市供应住宅面积比销售面积多 66.86 万平方米（见图 11）。

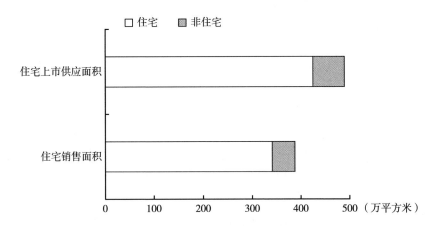

**图 11　2019 年黔东南州商品房供应面积与销售面积情况**

资料来源：黔东南州统计局。

## （五）新建商品房销售持续保持增长，销售面积和增速双双创五年来新高

据统计部门统计，2019 年黔东南州新建商品房销售面积 324.75 万平方米，同比增长 16.1%，增速排贵州省第 2 位，增速较 2018 年提升 5 位。商品房销售面积占省销售面积 5359.1 万平方米的 6.06%，占比排贵州省第 7 位。销售额 151.98 亿元，同比增长 21.5%（见图 12）。

据行业统计，2019 年黔东南州新建商品房销售面积 388.22 万平方米，同比增长 2.4%。新建商品房销售额 181.25 亿元，同比增长 5.0%。其中，商品住宅销售面积 341.35 万平方米，同比增长 8.1%；销售套数 26981 套，同比增长 2.4%；销售额 149.45 亿元，同比增长 18.3%。商业、办公及其他用房销售面积 46.87 万平方米，同比下降 26.0%；销售额 31.81 亿元，同比下降 31.3%。

**图12　2011～2019年黔东南州商品房销售面积情况**

资料来源：黔东南州统计局。

其中，凯里市（含黔东南高新区）新建商品房销售面积165.67万平方米，同比下降3.2%，占黔东南州商品房销售面积的42.7%；商品房销售额88.84亿元，同比下降0.7%。其中，商品住宅销售面积144.19万平方米，同比增长4.1%；销售套数11595套，同比下降7.1%；销售额73.35亿元，同比增长13.6%。凯里市销售的商品住宅套均建筑面积124.36万平方米，较上年增大了13.44平方米，改善型住房消费趋势明显。

## （六）普通商品住房价格逐步趋于平稳

2018年以来受开发建设成本增加、项目开发品质提升等因素的叠加影响，黔东南州商品住宅价格总体呈上涨态势，2019年下半年之后价格逐步回落趋于平稳。据统计部门统计，12月凯里城区的商品住宅销售均价为5552元/平方米，环比下降0.6个百分点；凯里经济开发区的商品住宅销售均价为4074元/平方米，环比下降1个百分点；其他15个县商品住宅销售均价为3844元/平方米，环比下降5.1个百分点（见图13、图14）。

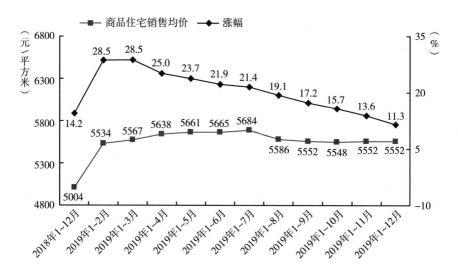

**图13　2018～2019年凯里市城区商品住宅销售均价情况**

资料来源：黔东南州统计局。

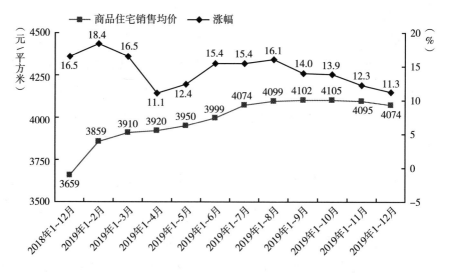

**图14　2018～2019年凯里市经济开发区商品住宅销售均价情况**

资料来源：黔东南州统计局。

据统计部门统计，2019年黔东南州商品住宅销售均价为4378元/平方米，同比上涨9.5%，涨幅较上半年收窄1.9个百分点；凯里城区商品住宅销售均价为5552元/平方米，同比上涨11.3%，涨幅较上半年收窄10.6个百分点；凯里经济开发区商品住宅销售均价为4074元/平方米，同比上涨11.3%，涨幅较上半年收窄4.1个百分点（见图15、图16）。

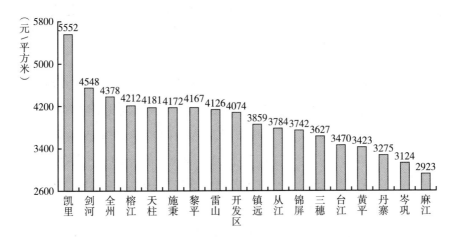

**图15  2019年黔东南州各县市商品住宅销售均价情况**

资料来源：黔东南州统计局。

**图16  2011～2019年黔东南州各县市商品住宅价格走势**

资料来源：黔东南州统计局。

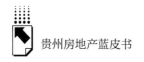

## （七）二手房交易规律性回落调整，交易总量仍然接近历年最高点

据行业统计，2019 年黔东南州二手房交易面积 49.07 万平方米，同比下降 9.0%；交易额 16.38 亿元，同比下降 6.8%。其中，二手住宅交易面积 44.72 万平方米，同比下降 6.3%；交易套数 3607 套，同比下降 11.2%；交易额 14.39 亿元，同比下降 5.8%。

其中，凯里市二手房交易面积 23.57 万平方米，同比下降 30.6%，交易面积占黔东南州总数的 48.0%；交易额 9.06 亿元，同比下降 26.6%。其中，二手住宅交易面积 22.92 万平方米，同比下降 26.9%；交易套数 1929 套，同比下降 28.7%；交易额 8.71 亿元，同比下降 23.9%。其他 15 个县二手房交易面积共计 25.5 万平方米，同比增长 27.9%；交易额 7.32 亿元，同比增长 39.8%。其中，二手住宅交易面积 21.8 万平方米，同比增长 32.9%；交易套数 1678 套，同比增长 23.5%；交易额 5.68 亿元，同比增长 48.0%（见图 17、图 18）。

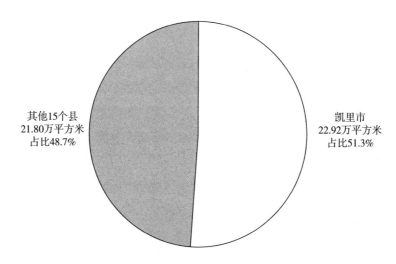

**图 17　2019 年黔东南州二手住宅交易情况**

资料来源：黔东南州统计局。

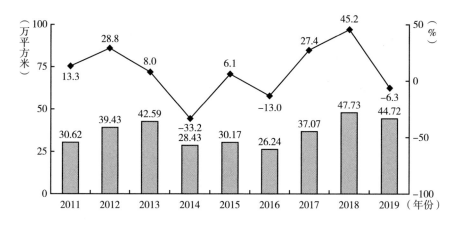

**图18　2011～2019年黔东南州二手住宅销售面积情况**

资料来源：黔东南州统计局。

## 二　黔东南州房地产市场面临的困难和问题

受国家层面政策制约，房地产行业融资困难。据中国人民银行黔东南中心支行统计，2019年黔东南州房地产开发贷款余额为49.62亿元，同比增长4.1%。贷款余额的增长主要受项目增加影响，房地产开发企业受商业银行贷款支持力度并无改善。个人购房贷款余额为221.38亿元，同比增长18.0%；其中，个人商业用房贷款余额18.54亿元，同比下降11.5%；个人住房贷款余额202.85亿元，同比增长21.7%。

## 三　2020年黔东南州房地产市场运行趋势预测

受改善型住房需求的拉动，预计2020年黔东南州商品房销售持续向好，商品住宅销售面积稳定在300万平方米左右；房地产开发投资得益于销售支撑，将稳定在100亿元以上。2019年新开工项目逐步达到预售条件上市，可售商品住宅将进一步增加，普通商品住宅市场供应充足，商品住宅销售价

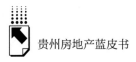

格的上涨预计将受到有效抑制并趋于稳定，黔东南州房地产市场将继续保持平稳健康发展。但是，由于受上年同期黔东南州房地产相关经济指标呈近 5 年来最高水平的影响，主要经济指标的增速将出现一定幅度的规律性回调，全年预计呈小幅增长的发展趋势。

# B.14
# 黔南州2019年房地产市场运行报告

黔南州城乡建设和规划委员会课题组*

**摘　要：** 2019年，黔南州城乡建设和规划委员会坚持以习近平新时代中国特色社会主义思想为指导，全面贯彻党的十九大和十九届二中、三中、四中全会精神，紧紧围绕党中央、国务院和省委、省政府决策部署，紧扣决战决胜脱贫攻坚目标任务，全面做好"六稳"工作，加大城镇建设力度，加快基础设施建设步伐，全面完成城建投资、商品房销售、建筑业产值年度目标任务，城镇基础设施不断加强，群众住房保障得到提高，人居环境不断改善，城镇建设取得新成就。

**关键词：** 黔南州　房地产市场　住房保障　人居环境

## 一　房地产市场基本开发情况

### （一）综合

初步核算，2019年黔南州生产总值为1518.04亿元，同比增长7.9%，经济总量从全省第五位跃升到第四位。分产业看，第一产业增加值230.54

* 课题组成员：罗加建，黔南州住房和城乡建设局住房管理科科长；岑健，黔南州住房和城乡建设局住房管理科副科长；邹宇，黔南州住房和城乡建设局住房管理科工作人员。

亿元，同比增长 5.9%；第二产业增加值 554.89 亿元，同比增长 10.4%；第三产业增加值 732.61 亿元，同比增长 6.6%。第一产业增加值占国内生产总值的比重为 15.19%，第二产业增加值比重为 36.55%，第三产业增加值比重为 48.26%。全年人均地区生产总值 46048 元，比上年增长 7.6%（见图 1）。

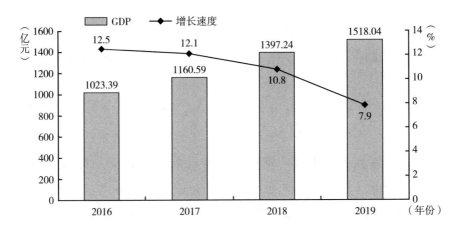

**图 1 2016～2019 年黔南州地区生产总值及增长速度**

资料来源：黔南州统计局。

### （二）住房公积金贷款

2019 年，黔南州坚持"房子是用来住的、不是用来炒的"定位，更好发挥住房公积金制度的住房保障作用，防范资金风险，对住房公积金的使用政策作出调整：贷款方面，一是明确房屋套数认定标准；二是调整公积金贷款首付比例；三是调整贷款额度计算公式；四是调整"又提又贷"政策；五是暂停受理商转公贷款申请。提取方面，一是限制异地购房提取；二是调整辞职提取政策；三是调整职工调出本州提取政策；四是调整租房提取额度。调整 2019 年缴存住房公积金基数的上限和下限，即：上限为不得超过在岗职工月平均工资的 3 倍，即 16675 元，单位和职工个人每月缴存住房公积金的合计上限为 4002 元；缴存基数下限为贵州省人力资源和社会保障厅公布的2018年黔南州各县（市）最低工资标准。

1. 提取业务

2019年，黔南州为8.28万名缴存职工提取住房公积金23.57亿元。

提取金额中，住房消费提取占82.26%（购买、建造、翻建、大修自住住房占18.86%，偿还购房贷款本息占62.68%，租赁住房占0.71%，其他占0.01%）；非住房消费提取占17.74%（离休和退休占14.29%，完全丧失劳动能力并与单位终止劳动关系占1.82%，户口迁出本市或出境定居占0.14%，其他占1.49%）。

2. 个人住房贷款

个人住房贷款最高额度40万元，其中，单缴存职工最高额度40万元，双缴存职工最高额度40万元。

2019年，黔南州发放个人住房贷款0.87万笔28.15亿元，同比分别增长0.67%、11.40%。2019年，回收个人住房贷款12.04亿元。

2019年末，黔南州累计发放个人住房贷款7.43万笔160.82亿元，贷款余额108.87亿元，同比分别增长13.26%、21.23%、17.37%。个人住房贷款余额占缴存余额的114.57%，比上年增加3.5个百分点。

3. 住房贡献率

2019年，黔南州个人住房贷款发放额、公转商贴息贷款发放额、项目贷款发放额、住房消费提取额的总和与当年缴存额的比例为135.51%，比上年减少2.24个百分点。

## （三）固定资产投资情况

2019年，黔南州固定资产投资比上年下降0.9%。其中，工业投资比上年增长17.3%。

2019年，黔南州房地产开发投资比上年增长50.3%，其中，住宅投资增长56.7%；商品房销售面积810.83万平方米，同比增长8.9%；商品房销售额429.41亿元，同比增长18.3%。

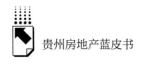

## （四）商品房开发建设及销售情况

2019年黔南州共销售商品房8108326平方米，其中共销售住宅6922852平方米，办公楼60409平方米，别墅、高档公寓603806平方米，商业营业用房842792平方米，其他房屋282273平方米，从个人购买户型面积划分共计销售144平方米以上房屋1643145平方米，2019年房屋新开工面积7008152平方米，房屋竣工面积770518平方米。

从待售面积看，截至2019年12月，待售1~3年面积共计111224平方米，主要为住宅，待售面积为71280平方米，商业营业用房待售面积为24678平方米，其他房屋待售面积为15266平方米。待售3年以上面积为126289平方米，其中住宅待售面积为30248平方米，商业营业用房待售面积为83064平方米，其他房屋待售面积为12977平方米，数据显示黔南州去库存压力仍旧较大（见表1）。

## （五）完成城建投资情况

2019年黔南州共安排重大工程和重点项目600个，总投资4509亿元，年度投资目标921亿元（省重点项目280个，总投资3397亿元，年度投资目标635亿元；州重点项目320个，总投资1112亿元，年度投资目标286亿元）。其中：收尾项目100个，年度投资目标143亿元；续建项目228个，年度投资目标470亿元；新建项目196个，年度投资目标269亿元；预备项目76个，年度投资目标39亿元。

2019年，黔南州房地产计划总投资13513613万元，自开始建设累计完成投资8069851万元，2019年完成投资3063758万元。其中都匀市计划总投资3655863万元排名第一，平塘县、长顺县、三都县2019年房屋施工面积均在百万平方米以下，具体见表2。

截至12月底，黔南州600个重大工程和重点项目上报累计完成投资910亿元，占年度投资计划的98.8%。从开完工情况看，1~12月累计开工

表1　2019年黔南州商品房开发建设及销售情况统计

| 指标名称 | 合计 | 住宅 | 90平方米及以下 | 144平方米以上 | 别墅、高档公寓 | 办公楼 | 商业营业用房 | 其他房屋 |
|---|---|---|---|---|---|---|---|---|
| 房屋施工面积（平方米） | 25415387 | 17286037 | 1288459 | 3328940 | 1032217 | 352154 | 4085049 | 3692147 |
| 本年新开工面积 | 7008152 | 5263060 | 171036 | 890587 | 182764 | 31228 | 860799 | 853065 |
| 本年房屋竣工面积（平方米） | 770518 | 542839 | 3576 | 23453 | 1265 | 50 | 182208 | 45421 |
| 不可销售面积 | 14472 | 0 | 0 | 0 | 0 | 0 | 0 | 14472 |
| 本年住宅竣工套数（套） | 0 | 4226 | 48 | 141 | 5 | 0 | 0 | 0 |
| 本年房屋竣工价值（万元） | 159057 | 113319 | 876 | 4344 | 250 | 10 | 36914 | 8814 |
| 房屋出租面积（平方米） | 0 | 0 | 0 | 0 | 0 | 0 | 0 | 0 |
| 本年商品房销售面积（平方米） | 8108326 | 6922852 | 241368 | 1643145 | 603806 | 60409 | 842792 | 282273 |
| 现房销售面积（平方米） | 426151 | 311470 | 21517 | 92799 | 0 | 6510 | 86994 | 21177 |
| 期房销售面积（平方米） | 7682175 | 6611382 | 219851 | 1550346 | 603806 | 53899 | 755798 | 261096 |
| 商品房销售额（万元） | 4294145 | 3427351 | 99939 | 922875 | 590244 | 40906 | 713492 | 112396 |
| 现房销售额（万元） | 224396 | 127825 | 6991 | 46892 | 0 | 3707 | 81689 | 11175 |
| 期房销售额（万元） | 4069749 | 3299526 | 92948 | 875983 | 590244 | 37199 | 631803 | 101221 |
| 商品住宅销售套数（套） | 0 | 53338 | 3194 | 9786 | 3924 | 0 | 0 | 0 |
| 现房销售套数（套） | 0 | 2470 | 371 | 441 | 0 | 0 | 0 | 0 |
| 期房销售套数（套） | 0 | 50868 | 2823 | 9345 | 3924 | 0 | 0 | 0 |
| 待售面积（平方米） | 512960 | 181270 | 16706 | 42786 | 9801 | 15228 | 223602 | 92860 |
| 待售1～3年面积 | 111224 | 71280 | 0 | 0 | 0 | 0 | 24678 | 15266 |
| 待售3年以上面积 | 126289 | 30248 | 4587 | 14806 | 0 | 0 | 83064 | 12977 |

资料来源：黔南州住建局。

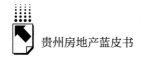

表2 2019年黔南各市县完成投资与开工建设情况

单位：万元，平方米

| 指标名称 | 计划总投资 | 自开始建设累计完成投资 | 本年完成投资 | 房屋施工面积 | 本年新开工面积 | 本年房屋竣工面积 | 本年商品房销售面积 | 本年商品房销售额 | 待售面积 | 上年计划总投资 | 上年完成投资 |
|---|---|---|---|---|---|---|---|---|---|---|---|
| 黔南州 | 13513613 | 8069851 | 3063758 | 25415387 | 7008152 | 770518 | 8108326 | 4294145 | 512960 | 11224424 | 2038155 |
| 都匀市 | 3655863 | 2761640 | 877006 | 9433248 | 1456333 | 0 | 1782213 | 909801 | 28343 | 3122410 | 509977 |
| 福泉市 | 1090660 | 785346 | 263532 | 2174163 | 345420 | 0 | 480105 | 191934 | 44639 | 874413 | 160538 |
| 荔波县 | 726938 | 455940 | 188889 | 1166904 | 289195 | 59216 | 287421 | 128960 | 100928 | 560874 | 90340 |
| 贵定县 | 861684 | 741694 | 184086 | 1527077 | 554093 | 0 | 277950 | 110843 | 70326 | 709164 | 164008 |
| 瓮安县 | 790000 | 392124 | 124896 | 1383368 | 523884 | 56310 | 455289 | 190703 | 0 | 775000 | 138087 |
| 独山县 | 751786 | 478845 | 176580 | 1711997 | 305179 | 100850 | 820698 | 372079 | 0 | 570586 | 167579 |
| 平塘县 | 210500 | 138967 | 94868 | 362251 | 239852 | 11481 | 280241 | 150729 | 89592 | 342200 | 79658 |
| 罗甸县 | 832306 | 604903 | 258221 | 1353654 | 653231 | 0 | 405134 | 155977 | 58470 | 587824 | 127801 |
| 长顺县 | 306736 | 252859 | 180227 | 890451 | 703162 | 542661 | 547100 | 217376 | 0 | 318731 | 91873 |
| 龙里县 | 3649186 | 934509 | 430955 | 3472849 | 1066477 | 0 | 2030522 | 1554739 | 13036 | 2843271 | 225828 |
| 惠水县 | 535169 | 451428 | 255894 | 1859998 | 793599 | 0 | 671607 | 281514 | 0 | 469951 | 282181 |
| 三都县 | 102785 | 71596 | 28604 | 79427 | 77727 | 0 | 70046 | 29490 | 107626 | 50000 | 285 |

资料来源：黔南州住建局。

项目 198 个，占年度开工计划的 101%；累计建成项目 112 个，占年度完工计划的 112%。

从黔南州城建投资完成排名看，全州其计 12 个市、县，投资完成率基本达到 100%，独山县、瓮安县任务完成率分别为 84.14%、95.93%，居倒数第一位、第二位（见表3）。

表3　黔南州各县市房地产项目投资完成情况

| 排名 | 县市名称 | 目标任务（个） | 完成投资（个） | 目标任务完成率（%） |
|------|----------|----------------|----------------|---------------------|
| 1 | 福泉市 | 30 | 35.5 | 118.33 |
| 2 | 长顺县 | 25 | 28.77 | 115.08 |
| 3 | 惠水县 | 40 | 41.34 | 103.35 |
| 4 | 贵定县 | 28 | 28.77 | 102.75 |
| 5 | 山都县 | 12 | 12.21 | 101.75 |
| 6 | 龙里县 | 80 | 81.05 | 101.31 |
| 7 | 荔波县 | 25 | 25.15 | 100.60 |
| 8 | 罗甸县 | 25 | 25.11 | 100.44 |
| 9 | 都匀市 | 110 | 110.4 | 100.36 |
| 10 | 平塘县 | 25 | 25.06 | 100.24 |
| 11 | 瓮安县 | 60 | 57.56 | 95.93 |
| 12 | 独山县 | 40 | 33.66 | 84.14 |

注：完成投资数大于目标任务数，为上一年未完成投资任务累计。

资料来源：黔南州住建局。

## （六）建筑业产值完成情况

2019 年，黔南州建筑业增加值 125.81 亿元，比上年增长 8.6%；资质内建筑企业 148 家，比上年增加 26 家。其中，一级资质业企业 4 家，比上年增加 1 家；二级资质企业 60 家，增加 26 个；三级资质企业 84 家，减少 1 家。资质企业建筑业总产值 229.79 亿元，同比增长 16.6%。

## （七）公租房分配情况

2019 年，黔南州保障安居工程建设取得了积极的成果，截至 2019 年 12

月，政府投资公租房自 2013 年开工建设以来，共计建成总套数为 51447 套，已分配 47478 套；企业等单位自建公租房 27517 套，已分配 25822 套，为老百姓安居就业创造了有利的住房保障条件（见表 4）。

**表 4　2019 年黔南州公租房分配情况统计**

单位：套

| 项目 | 政府投资公租房 | | 企业等单位自建公租房 | |
|---|---|---|---|---|
| | 总套数 | 已分配套数 | 总套数 | 已分配套数 |
| 2013 年底前开工建设 | 20809 | 20783 | 12929 | 12806 |
| 2014 年开工建设 | 10603 | 10527 | 11221 | 10970 |
| 2015 年开工建设 | 20035 | 16168 | 3367 | 2046 |
| 合　计 | 51447 | 47478 | 27517 | 25822 |

资料来源：黔南州住建局。

### （八）商品房去库存情况

2019 年，黔南州城乡建设和规划委员会在州委、州政府的领导下，积极开展各项工作，严格执行"房住不炒"政策，全年累计销售商品房 8108326 平方米，受房地产大环境影响，房地产销售库存压力仍旧较大，去化周期时间长，存量面积有加大的风险（见表 5）。

## 二　2019年房地产市场运行情况

### （一）脱贫攻坚决战达到预期目标

2019 年黔南州全面完成"十三五"时期 24.73 万人易地扶贫搬迁目标任务，人口较少民族聚居村率先小康顺利通过省级验收，长顺、平塘、独山、荔波、三都、罗甸 6 个县达到国家脱贫摘帽标准，剩余的 205 个贫困村全部出列，预计减少贫困人口 13.74 万人，全州综合贫困发生率降至 0.68%。

单位：万平方米

表5 2019年黔南州商品房存量统计

| 县（市、区） | 商品房累计可售面积（万平方米） | 商品房月均销售面积（万平方米） | 商品房去化周期（月） | 商品住宅累计可售面积（万平方米） | 商品住宅月均销售面积（万平方米） | 商品住宅去化周期（月） | 商业累计可售面积（万平方米） | 商业月均销售面积（万平方米） | 商业去化周期（月） |
|---|---|---|---|---|---|---|---|---|---|
| 都匀市 | 133.49 | 15.84 | 8.43 | 74.45 | 13.94 | 5.34 | 59.034898 | 1.907871233 | 30.94 |
| 福泉市 | 123.32 | 4.09 | 30.13 | 49.15 | 3.47 | 14.16 | 74.173179 | 0.62261833 | 119.13 |
| 荔波县 | 90.68 | 2.77 | 32.75 | 46.31 | 1.14 | 40.52 | 44.3682 | 1.62550675 | 27.29 |
| 贵定县 | 71.43 | 3.87 | 18.44 | 36.08 | 3.09 | 11.67 | 35.3486 | 0.782247417 | 45.19 |
| 瓮安县 | 143.16 | 4.86 | 29.48 | 86.01 | 3.71 | 23.15 | 57.15371 | 1.141321333 | 50.08 |
| 独山县 | 102.76 | 4.29 | 23.98 | 48.96 | 3.56 | 13.75 | 53.791903 | 0.723969833 | 74.30 |
| 平塘县 | 25.46 | 2.03 | 12.57 | 14.04 | 1.71 | 8.20 | 11.426193 | 0.313497083 | 36.45 |
| 罗甸县 | 43.10 | 3.31 | 13.02 | 26.43 | 2.84 | 9.31 | 16.664439 | 0.469132167 | 35.52 |
| 长顺县 | 41.59 | 2.86 | 14.54 | 18.98 | 2.46 | 7.71 | 22.6086 | 0.398637933 | 56.71 |
| 龙里县 | 286.43 | 14.52 | 19.73 | 197.30 | 13.31 | 14.83 | 89.132806 | 1.209741833 | 73.68 |
| 惠水县 | 68.66 | 3.62 | 18.94 | 51.10 | 2.15 | 23.75 | 17.55629 | 1.473440917 | 11.92 |
| 三都县 | 24.50 | 0.32 | 77.07 | 7.96 | 0.20 | 38.97 | 16.5431 | 0.113687417 | 145.51 |
| 开发区 | 13.36 | 1.78 | 7.51 | 5.26 | 1.57 | 3.34 | 8.103326 | 0.20665275 | 39.21 |
| 合计 | 1167.928454 | 64.15 | 18.21 | 662.02 | 53.17 | 12.45 | 505.905244 | 10.988325 | 46.04 |

资料来源：黔南州住建局。

147

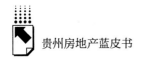
### （二）城乡面貌持续改观，城镇功能更加完善

2019年，黔南州深入推进城市品质提升三年行动计划，城镇建成区面积达215平方公里。都匀至凯里、龙里至花溪等一批城市快速干道基本建成。加快推进棚户区和老旧小区改造，建成一批公共服务设施项目，城市道路人均面积达16.1平方米，城市建成区绿地率达37.3%，城镇用气普及率达62.3%，城镇供水普及率达99.3%，城镇生活垃圾无害化处理率达85%以上。美丽乡村更加宜居。

### （三）整治人居环境，进一步提升生活品质

2019年，黔南州大力推进农村人居环境整治，新改建户用卫生厕所4.5万户，实施6个县（市）整县推进农村生活垃圾收运体系建设，58个乡镇建成垃圾收运设施。完成"大棚房"问题专项治理。长顺县及全州14个乡镇、130个村入选全省"十百千"乡村振兴示范工程。新增中国传统村落32个，国家级、省级民族特色村寨分别增加18个、54个，居全省前列。城乡治理更加有效。

## 三 2020年工作展望

全力以赴建好绿博园、办好绿博会、建设绿博城，全面展现绿水青山新画卷，打造生态文明新标杆。高质量完成园区和展馆建设，加快完善功能配套，全面提升接待、住宿、餐饮、通信、交通等综合服务水平。激发全民参与热情，当好东道主，以开放、文明、友善和包容的姿态迎接绿博会。加大办会宣传，营造国家级办会氛围。建立市场化长效运营机制，对绿博会场馆设施、文化品牌等进行综合开发和深度利用。

推进城镇精细化管理。开展"美丽城市"建设，做好市政道路、交通标志、照明设施、城市桥梁等养护，着力治理小区居住环境差等问题，加强违法建设、噪声污染和焚烧杂物等执法工作。抓好易地扶贫搬迁小区管理服

务，让搬迁群众融入城镇新生活。探索"智慧社区""数字社区"等新型管理服务模式，为居民提供便捷高效的信息化服务。加强物业行业监管，规范物业收费项目及标准，建立物业企业淘汰机制。按照"应建必建"的原则，确保业主委员会成立全覆盖。

着力夯实乡村振兴基础。深入实施"四在农家·美丽乡村"小康升级行动计划，大力实施"十百千"乡村振兴示范工程，创建一批生态家园、生态公园，打造一批民族特色村寨。推进农村厕所革命，推动农村新建住房全面配建卫生厕所，实现行政村公共厕所全覆盖。推进农村生活垃圾治理，建立完善垃圾收运体系。全面实施农村生活污水治理工程。实施乡村绿化美化"千村示范万村推进"工程，合理布局村庄道路，推动串户路硬化，提升村容村貌，营造宜居适度的生活空间。

# 专 题 篇

**Special Report**

# B.15

# 脱贫攻坚　住房为先

——易地扶贫搬迁是消除极贫阻断返贫的保障：
以住房为主的家庭财富增长视角*

武廷方　伍国勇　禹灿　郭云**

摘　要：　易地扶贫搬迁是一项从根本上斩断穷根、解决脱贫攻坚中
"一方水土养不起一方人"问题的治本之策，一个国家或地
区不管贫困到什么程度，要想真正地消除贫困、阻断返贫，
最重要的路径就是主动地创造繁荣，在最不可能出现繁荣的
地方创造繁荣。既然一方水土养不起一方人，那就实施易地
扶贫搬迁寻求新的机会主动地在新的场景中创造富裕和繁荣，
这就是贵州省易地扶贫搬迁开辟式创新模式的精髓。全省易

---

＊　本文为贵州省基层社会治理创新高端智库课题研究成果。
＊＊　武廷方，贵州省房地产研究院院长，教授；伍国勇，贵州大学经济学院副院长，教授；禹灿，
贵州省房地产研究院副秘书长，助理研究员；郭云，博士，贵州省房地产研究院助理研究员。

地扶贫搬迁建成安置项目 946 个、安置住房 45.39 万套，水、电、路、气、网等基础设施同步配建完善；累计实际完成搬迁入住 188 万人，搬迁规模全国第一。贫困户搬迁后家庭财富是搬迁前 5.49 倍，其中户均房屋价值是搬迁前的 7.42 倍，户均年收入是搬迁前 2.24 倍，从根源上实现了脱贫。贵州省易地扶贫搬迁取得了突出成效。

**关键词：** 贫困治理 易地扶贫搬迁 住房财富

# 一 引言

2019 年 10 月 14 日，诺贝尔经济学奖授予了阿比吉特·班纳吉、埃斯特·迪弗洛和迈克尔·克雷莫三位学者。诺贝尔委员会在致辞中提到贫困问题是发展经济学的核心问题之一，他们三人的学术贡献除此之外还在于发展经济学的实证研究上，这是近年来诺贝尔经济学奖第三次授予研究与贫困相关的经济学家。

阿比吉特·班纳吉在其获奖作品《贫穷的本质》中说道："几乎任何一个发展中国家，从市中心驱车前往较为贫穷的乡村地区，令人印象最深的应该是那些未建成的破烂房屋，有的房屋四面有土墙但没有屋顶，有的房屋有顶却没有窗户。"此书在前言首句写道："一个叫加尔各答的城市，这个城市非常拥挤，人均居住面积只有 0.93 平方米。"阿比吉特·班纳吉在《贫穷的本质》实证研究中将住房这种人类基本的生理需求列为贫困最重要的自然属性。

在近代历史进程中，中国一直背负着"贫穷落后"的标签，中国共产党始终将中华民族的伟大复兴作为党的使命和初心。新中国成立以后为贫困治理奠定了政治制度和经济基础；改革开放以来，国家各项事业全面发展进步，集聚了丰富的社会资源和财富，为国家减贫打下了良好的基础。特别是党的十八大以来，以习近平同志为核心的党中央把脱贫攻坚工作摆到了治国理政的突出位置，提出很多新思想、新观念，做出了科学的决策和部署，形成了体系完整、逻辑严密、内涵丰富的习近平扶贫重要论述，推动并丰富发展了马克思主义反贫困理论的中国化，创造发展了中国特色的扶贫开发道路，为中国解决贫困问题提供了行动指南，为世界反贫事业的发展提供了中国方案，贡献了中国智慧。

据世界银行公布的数据，1991～2000 年全世界生活在日均一美元以下的贫困人口减少了 2.74 亿，其中中国减少了 1.5 亿，占全球减贫人数的 55%，占发展中国家的 75%。中国是最大的发展中国家，也是全球最早实现联合国千年发展目标中减贫目标的发展中国家，改革开放以来实施大规模扶贫开发，使 7 亿多农村人口摆脱贫困，为全球减贫事业做出了重大贡献。1978 年中国农村贫困人口 7.7 亿，贫困发生率 97.5%。2018 年农村贫困人口 1660 万，比 1978 年减少 7.5 亿，贫困发生率 1.7%，比 1978 年下降 95.8 个百分点，平均每年下降 2.4 个百分点。①

易地扶贫搬迁是一项从根本上斩断穷根、解决脱贫攻坚中"一方水土养不起一方人"问题的治本之策，以习近平同志为核心的党中央对这一项伟大的历史性工程亲自指挥、精心部署。2015 年 6 月 18 日，习近平总书记在中央经济工作会议上指出，对居住在"一方水土养不起一方人"地方的贫困人口，要实施易地搬迁，将这部分人口搬迁到条件较好的地方，从根本上解决他们的生计问题。2017 年 6 月 2～23 日，习近平总书记在山西考察工作时说道："统筹解决好人往哪里搬、钱往哪里筹、地往哪里划、房屋如何建、收入如何增、生态如何护、新村如何管等具体问题。"2020 年 3 月 6 日，习总书记在决战决胜脱贫攻坚座谈会上指出，要加大易地扶贫搬迁扶持力度。现在搬得出的问题基本解决了，下一步的重点是稳得住。习近平总书记的指示为易地扶贫搬迁工作指明了方向。

---

① 任泽平、罗志恒、马家进、马图南：《减贫——2019 年诺贝尔经济学奖得主思想综述及对中国的启示》，《发展研究》2019 年第 11 期。

"麦肯锡奖"得主哈佛大学教授克莱顿·克里斯坦森在他的名作《繁荣的悖论》中写到，中国近年取得的减贫成就是一个值得全地球人骄傲的成绩。为什么过去几十年来仅发达国家的官方援助项目就向贫困国家投入了几万亿美元的资金，还未计算各类社团组织、慈善基金会等其他渠道以及贫困国家自己政府的钱，这么大投入最终都以失败告终，甚至有些国家接受援助之后变得更穷了。一个国家或地区从贫穷走向富裕的过程，什么才是最关键的因素呢？从全国最早开展易地扶贫搬迁的贵州省开辟式创新模式中可以找到答案。

## 二　贵州省易地扶贫搬迁情况综述

一个国家或地区不管贫困到什么程度，要想真正地消除贫困，阻断返贫，唯一的路径就是主动地创造繁荣，在最不可能出现繁荣的地方创造繁荣。既然一方水土养不起一方人，那就实施易地扶贫搬迁寻求新的机会主动地在新的场景中创造富裕和繁荣，这就是贵州省易地扶贫搬迁开辟式创新模式的精髓。

"十三五"易地扶贫搬迁实施以来，在以习近平同志为核心的党中央坚强领导下，贵州省委、省政府把易地扶贫搬迁作为脱贫攻坚重中之重和"当头炮"统筹推进，先后成立省易地扶贫搬迁工程指挥部、易地扶贫搬迁工作领导小组，建立健全后续工作联席会议制度；先后出台《贵州省人民政府关于深入推进新时期易地扶贫搬迁工作的意见》《中共贵州省委贵州省人民政府关于精准实施易地扶贫搬迁的若干政策意见》《中共贵州省委办公厅贵州省人民政府关于贯彻落实"六个坚持"进一步加强和规范易地扶贫搬迁工作的意见》《中共贵州省委贵州省人民政府关于加强和完善易地扶贫搬迁后续工作的意见》等4个重大纲领性政策文件，在有关部委悉心指导和全省凝心聚力下顺利实现搬迁建设任务圆满收官和后续扶持"五个体系"建立健全的显著成效，为贵州省按时高质量打赢脱贫攻坚战奠定了坚实的基础。

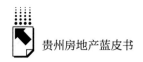

"十三五"时期，贵州省原计划搬迁162.5万人，其中建档立卡贫困人口130万人；后结合脱贫攻坚实际调整下达计划搬迁188万人，其中建档立卡贫困人口150万人（最终国家下达搬迁计划151.1662万人），占全国总搬迁任务的15%，搬迁规模全国第一。截至2019年12月底，全省累计建成安置项目946个、安置住房45.39万套，水、电、路、气、网等基础设施同步配建完善；累计实际完成搬迁入住188万人，其中建档立卡贫困人口154万人，占国家审定任务的101.9%；整体搬迁贫困自然村寨10090个；中央预算内投资120.93亿元已全部拨付到县，省级统筹资金928.9亿元已拨付到县99.79%。全省旧房拆除和复垦复绿任务于2020年6月30日前全部完成。①

后续扶持"五个体系"全面推进。截至目前，基本公共服务体系方面，各安置点累计建成669所配套教育项目、新（改、扩）建440个医疗配套项目，满足搬迁群众就学、就医需求；搬迁群众社会保障有序衔接，各集中安置区实现综合服务中心（站）全覆盖。培训和就业服务体系方面，有搬迁劳动力家庭40.55万户96.56万人，已就业88.01万人，占搬迁劳动力总数的91.14%，全面实现搬迁劳动力家庭一户一人以上就业目标。文化服务体系方面，安置区文化服务设施基本完善，各地组织开展形式多样、内容丰富的感恩教育、普法教育和市民意识教育，搬迁群众家里都悬挂新旧住房对比照片，发自内心感恩党中央、感恩习近平总书记。社区治理体系方面，安置区社区管理机构设置全覆盖，200个3000人以上的安置社区警务室建设全覆盖，雪亮工程和天网工程基本建成。基层党建体系方面，实现基层党组织全覆盖。

### （一）主要做法

在统筹建设搬迁和后续扶持工作实践中，贵州省始终坚持抓具体抓深入，以"四个高"为抓手，创造性运用"五步工作法"（政策设计、工作部

---

① 资料来源于贵州省生态移民局。

署、干部培训、督促检查、追责问责），让各项工作任务有章可循，落到实处，有效推进易地扶贫搬迁政策和工作落实。

1. 高起点规划，着力抓好政策设计

易地扶贫搬迁涉及政治、经济、文化、社会、生态等诸多方面，是一项复杂的社会系统工程，必须有一个科学合理的规划作为有序推进的基础和前提。2015 年 6 月习近平总书记在贵州提出"易地扶贫搬迁一批"后，贵州省就率先谋划顶层设计，启动编制《贵州省易地扶贫搬迁工程实施规划（2016～2020 年）》，在此基础上，各市、县分别制定相应实施规划，形成了多层次的易地扶贫搬迁实施规划体系，确保了易地扶贫搬迁的科学性和合理性。

规范化的政策制度体系是易地扶贫搬迁实施的关键点。贵州省根据中央的统一政策框架，结合省情实际，在深入调研、广泛征求意见基础上探索形成了具有自身特色的政策体系和实施路径。以"六个坚持""五个体系"为核心，构建了贵州易地扶贫搬迁的基本思路和政策框架，全面回答了"为什么搬""怎么搬""搬后怎么办"等一系列关键问题，成为全省易地扶贫搬迁的根本遵循和行动指南。2020 年 4 月，贵州省落实中央稳就业的要求，积极应对疫情影响，聚焦搬迁群众如期脱贫，研究出台《关于进一步加强易地扶贫搬迁群众就业增收工作的指导意见》，明确 17 条"硬核"措施，系统完善支持搬迁群众就业增收，在全国率先建立易地扶贫搬迁后续产业扶持资金机制，既着重鼓励搬迁群众自力更生、光荣脱贫，又赋予县级人民政府更大的自主权限，全力推动全省搬迁群众如期脱贫和后续发展。

2. 高规格推动，着力抓好"四个协同"

易地扶贫搬迁是一项宏大的社会系统工程，需要强有力的组织领导、各部门的紧密配合、社会各方的广泛参与，通过"四个协同"共同发力强力推动工程建设和搬迁安置。一是组织协同。贵州省把易地扶贫搬迁作为脱贫攻坚的头号工程来抓，通过发挥制度优势为易地扶贫搬迁提供强有力的组织保障。省委省政府主要领导亲自谋划、亲自部署、亲自推动、亲自督查，带动各级党政一把手把易地扶贫搬迁始终放在心上、抓在手上，在全省形成五级书记一起抓搬迁的格局；层层建立党政主要领导任组长的扶贫开发领导小组，下设易地扶贫搬迁指挥部，实行党委政府分管领导"双指挥长制"，省市移民局长同时兼任党委副秘书长、县级移民局长由县委常委或副县长兼任；县（市）委书记、县（市）长包保安置点建设，实行"五包"（包搬迁对象精准、包项目管理规范、包工程建设进度和质量、包产业配套和就业落实、包资金使用安全）责任制。二是政策协同。贵州省坚持搬迁与安置并重、脱贫与发展同步，高度重视经济社会发展规划、土地利用总体规划、城乡建设总体规划、环境保护规划等多规融合，不断拓宽生存发展空间，最大限度释放易地扶贫搬迁红利。推动部门政策多头整合，形成目标一致、协作配合的政策合力。三是区域协同。易地扶贫搬迁涉及组织动员、住房安置、产业培育、就业培训、社会融入等多方面，迁出地与迁入地间的协同格外重要，特别是跨行政区域搬迁。全省在推动跨区县行政区域易地扶贫搬迁中，成立了迁出、迁入地跨区县易地扶贫搬迁联席领导小组，由迁出、迁入地各明确 1 名副县级领导任组长，两地相关单位主要负责人为成员，抽调业务骨干进驻安置点，共同解决跨区县搬迁工作中遇到的难点、焦点等具体问题，协同推进跨区县搬迁各项工作，形成迁出地、迁入地政府共商共建机制。四是社会协同。政府、社会组织、企业、志愿者等主体积极参与易地扶贫搬迁，协助衔接就学、低保、医保、养老保险等方面工作，迁出地派驻当地干部，配合迁入地加强搬迁群众过渡期管理。动员企业参与，为有劳动能力和意愿的搬迁群众提供培训和就业岗位。积极引入社团组织、志愿者队伍等社会力量，与移民群众结成帮扶对子。2020 年 1 月，贵州省委办公厅出台《贵州省工青妇组织实施"新市民·追梦桥"工程方案》，针对安置点职工、青少年和妇女儿童特点和需求开展搭"五桥"、建"五家"活动，成为深化拓展搬迁群众后续服务的重要载体。

3. 高标准实施，着力抓好安置服务效果

贵州实行大规模城镇化集中安置，对搬迁效果、跟踪服务和社区管理等都提出了新的更高要求，通过强调"三个好"实现高标准实施、高质量安置。一是住房强调"建得好"。立足长远发展并增强对搬迁群众的吸引力，各地都拿出城镇最好的地段布局和建设安置点，交通便利、商贸活跃、功能完善，就医、就学、就业条件好，为搬迁群众提供了良好的生产生活环境；建设规划品质好，用商品房理念建设安置小区避免沦为城镇"孤岛"，打造精品工程，许多安置点还获得了建筑行业相关奖项；严格按照"保基本"原则实行"三个严控"，严格控制住房面积（人均不超过 20 平方米），严格控制建设成本（每平方米含简装造价不超过 1800 元），严格控制房屋类型（不得用商品房、保障房、电梯房安置搬迁农户），守住不让搬迁群众因搬迁而负债的底线。二是后续扶持强调"服务好"。贵州把后续扶持作为稳得住、有就业、逐步能致富的关键来抓，提出衔接好搬迁群众农民和新市民"两种身份"，迁出地和安置地"两种利益"，明确农户进城后享受城镇居民劳动就业、基本教育、医疗卫生、社会保障等同等权益，原农村集体经济组织成员身份不变、集体收益分配权不变、土地承包经营权不变、依附在原土地上的惠农政策不变。既维护了搬迁群众合法权益，又保障了安置区可持续发展和社会稳定。根据安置点规模和移民特点，设立相适应的行政管理机构和社区服务机制，从就业、就医、就学到城市生活技能，都提供了细致周到的服务，大力构建"五个体系"全方位、立体化推进搬迁群众政治、经济、社会、文化心理融合，实现在城镇的可持续发展。三是干部队伍强调"培训好"。充分利用新时代学习大讲堂、新时代农民（市民）讲习所等培训载体，通过专题培训、扶贫搬迁业务和知识专题讲座等形式，在前期工作、工程建设、竣工验收、档案管理、资金使用、问题整改等各个环节开展政策宣讲与干部培训，把各项政策部署培训到位，使各级移民干部都能够精通政策、掌握政策、熟练运用政策，全面提升治理能力，当好党委、政府的参谋助手。

4.高频率监管，着力抓好问题发现纠错

贵州省将易地扶贫搬迁实施情况纳入市、县政府年度目标绩效考核，层层签订责任状，建立健全督查、审计、稽查、明察暗访、考核"五位一体"问题发现纠错机制。一是省指挥部派出片区组常驻市、县分区包片调研督导，每季度进行一次督查，每半年一次全覆盖检查、每年组织一次考核。二是省委专项巡视。2017 年以来，贵州省委对 66 个贫困县开展脱贫攻坚全覆盖专项巡视，帮助脱贫攻坚任务重的县争取主动，早发现问题、早纠正问题。三是责成审计部门开展易地扶贫搬迁年度审计，实现 2016～2018 年项目全覆盖审计，并跟踪整改情况，确保中央和省的政策落实到位。四是省委、省政府领导通过明察暗访的方式不定期对易地扶贫搬迁进行督查；省人大、省政协领导带队不定期进行督导督查，将易地扶贫搬迁纳入社会民主监督重点。五是设立省委省政府扶贫专线，24 小时值班，群众来电记录每天送省委书记、省长和省委常委。通过系列措施，全面查找易地扶贫搬迁工作中存在的问题，并不断解决问题，在实践中持续完善政策设计和工作措施。

## （二）主要经验

贵州省紧紧围绕习近平总书记提出的人往哪里搬、钱从哪里筹、地在哪里划、房屋如何建、收入如何增、生态如何护、新村如何管等关键问题，结合省情实际不断探索创新，以脱贫目标为导向，以城镇化集中安置为重点，以精准施策为要义，形成"六个坚持""五个体系"的政策体系和实施路径，探索出一条经济发展相对落后、耕地资源匮乏、生态环境脆弱、基础设施建设滞后地区的易地扶贫搬迁的有效路径。

1. 围绕"怎么搬"，以"六个坚持"为遵循全面提高搬迁质量和成效

贵州省在实践中不断破解难题、总结经验、创新思路、完善政策，研究制定了《中共贵州省委办公厅省人民政府办公厅关于贯彻落实"六个坚持"进一步加强和规范易地扶贫搬迁工作的意见》，形成了"六个坚持"的实施路径和规范动作。一是坚持省级统贷统还，省一级把投资压力扛在肩上，让市县两级集中抓搬迁，充分调动基层政府和搬迁群众"两个积极性"；二是坚持贫困自然村寨整体搬迁为主，精准落实搬迁对象，解决区域性贫困问题；三是坚持城镇化集中安置，从根本上改善搬迁群众生产生活条件，真正

实现挪穷窝、断穷根、换穷业；四是坚持以县为单位集中建设，统筹资源要素保障，提高项目建设水平和规范化管理水平；五是坚持不让贫困户因搬迁而负债，严控住房面积、建设成本和工程质量，坚守易地扶贫搬迁"保基本"原则；六是坚持以岗定搬、以产定搬，根据安置点就业岗位精准核定搬迁规模，确保"每户一人以上"稳定就业。"六个坚持"精准落实中央关于易地扶贫搬迁的决策部署，系统规范了钱从哪里来、房子怎么建、搬哪些人、搬到哪里去等具体问题，成为具有贵州特色的易地扶贫搬迁标识。

2. 围绕"搬出来后怎么办"，系统谋划后续工作"五个体系"建设

2018 年下半年随着搬迁建设任务大头落地，贵州省准确把握工程移民内在规律和搬迁形势，全面开展易地扶贫搬迁后续扶持政策调研，于 2019 年 2 月研究制定了《中共贵州省委贵州省人民政府关于加强和完善易地扶贫搬迁后续工作的意见》及 7 个配套文件，对全力构建"五个体系"做出制度性安排，在全国率先出台易地扶贫搬迁后续扶持政策体系。一是构建基本公共服务体系，完善公共教育、医疗卫生、社会保障、社区服务"四大要素"配套建设，实现基本公共服务均等化和标准化，让搬迁群众生活顺心；二是构建培训和就业服务体系，做到劳动力必须应培尽培、有劳动力家庭必须实现一人以上稳定就业、迁出地"三块地"资源必须有一种盘活途径、每个搬迁家庭必须有一份稳定收入"四个必须"，实现稳得住和可持续发展，让搬迁群众充满信心；三是构建文化服务体系，推动感恩教育、文明创建、公共文化、民族传承"四进社区"，激发群众内生动力和社会认同，让搬迁群众过得舒心；四是构建社区治理体系，实现机构设置科学化、社区管理网格化、居民自治规范化、治安防控立体化"四化"目标，强基固本，让搬迁群众住得安心；五是构建基层党建体系，聚焦基层党组织政治领导力、思想引领力、群众组织力、社会号召力"四力"建设，把基层党组织打造成为安置点社区党的坚强战斗堡垒，让搬迁群众坚定决心。"五个体系"精准解决搬迁群众的可持续发展问题，践行贵州各级党委政府对人民负责到底的庄严承诺。

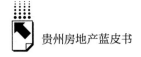

"六个坚持""五个体系"是前后衔接、紧密相连的有机整体，分别着眼于做好易地扶贫搬迁的"前半篇文章"和"后半篇文章"，构成了贵州易地扶贫搬迁工作的完整体系。

### （三）总体成效

贵州易地扶贫搬迁是习近平新时代中国特色社会主义思想在贵州的生动实践，是中央易地扶贫搬迁政策与贵州实际相结合的实践创新，充分体现了中央打赢脱贫攻坚战的决策初心，在政治、经济、社会、生态、影响力等多个方面取得了突出成效。

1. 政治效应

贵州省不折不扣地贯彻中央决策部署，通过强有力的组织领导、社会动员和统筹协调，用四年多时间完成近200万人大搬迁，充分体现出中国共产党领导的政治优势和社会主义所独有的最大限度整合社会资源、集中力量办大事的制度优势。通过建立健全党的基层组织、行政管理机构、群团组织和居民自治组织，基层治理能力和管理水平明显提高，基层党组织凝聚力和战斗力明显增强。大批基层干部在推动政策落地和工作落实中践行"三千精神"（走遍千山万水，踏遍千家万户，道尽千言万语），党群、干群关系不断改善，党在基层的公信力日益增强。搬迁群众自发在家中悬挂新旧住房对比照片，发自内心感谢习近平总书记，感谢党中央。调查结果显示，群众对搬迁政策、配套基础设施及公共服务设施、住房和就业脱贫措施的满意度达97%以上。

2. 经济效应

易地扶贫搬迁工程建设直接投资达1000多亿元，消化了大量钢材、水泥等建材产能，极大地带动了相关建筑业、生产性服务业的发展，创造了大量就业岗位，增加了搬迁群众务工收入。近200万人搬进城镇后，不仅就近提供一大批劳动力，解决了工业园区企业用工需求，而且产生庞大的消费需求，促进了生活性服务业的发展，形成城乡经济发展的新动能。179万人搬进城镇，为全省提高城镇化率贡献约5个百分点，同时促进人口、资源要素和生产力在空间上的重新布局和优化调整，形成相应的规模经济效应，带动贵州城乡格局、城镇格局、农村格局和产业格局的深层次变化。

3. 社会效应

搬迁群众生活环境发生巨变，彻底改善了生产生活条件，为搬迁群众稳定脱贫实现可持续发展提供了更加广阔的空间。社会保障和公共服务水平显著提高，搬迁群众在城镇生活得更有尊严。搬迁群众不仅自身获得感、幸福感和安全感明显增强，更重要的是子孙后代能够同等享受城镇教育资源，后代受教育程度和生产生活方式的改变，彻底阻断贫困的代际传递。

4. 生态效应

188 万人从生态环境敏感区、生态脆弱区、生态功能区和石漠化地区迁出，大大减轻了迁出地生态环境承载压力，修复和增强了自然生态系统功能，从根源上化解了迁出区群众生存需求与生态保护的矛盾，在降低自然灾害发生的同时，也减少了政府应对各类灾害的投入。旧房拆除对宅基地进行复垦复绿，利用退耕还林政策对 25 度以上坡耕地进行生态修复，防止水土流失和石漠化，"越穷越垦、越垦越穷"的恶性循环正在改变，搬迁脱贫与生态修复双赢效果日益显现。

5. 品牌效应

2017 年 9 月至 10 月，中央在党的十九大召开前夕举办《砥砺奋进的五年》大型成就展，以贵州为样板展示全国易地扶贫搬迁成效，使易地扶贫搬迁的"贵州样板"成为全国脱贫攻坚的一面旗帜。先后 2 次全国易地扶贫搬迁现场会在贵州召开，2016 年 8 月全国第一次易地扶贫搬迁现场会，肯定和推广贵州"围绕脱贫抓搬迁"的做法和经验；2019 年 4 月全国易地扶贫搬迁后续扶持工作现场会，肯定和推广贵州易地扶贫搬迁"六个坚持""五个体系"的做法和经验。贵州先后 3 次受到国务院办公厅激励表彰，2017 年 4 月、2019 年 5 月、2020 年 5 月分别作为易地扶贫搬迁工作积极主动、成效明显的省受到国务院办公厅表扬激励。先后多次在国家层面展示贵州易地扶贫搬迁成效，2019 年 8 月，中共中央办公厅《工作情况交流》肯定和推广贵州以"六个坚持"和"五个体系"为依托，推动易地扶贫搬迁工作走出新路的做法和经验；国家发改委《"十三五"新时期易地扶贫搬迁工作政策指引》先后有 10 期分别介绍贵州易地扶贫搬迁的做法、经验和成效，并向国务院报送了《贵州省构建后续扶持工作"五个体系"奋力书写易地扶贫搬迁"下半篇文章"》信息专报。2020 年 5 月，国家发改委办公厅对 2019 年易地扶贫搬迁工作成效明显、综合评价排名前十的省份进行通报表扬，贵州排名第一。

# 三 以住房为主的家庭财富增长分析

《英国大百科全书》将贫困定义为，一个人缺乏一定量的或社会可接受的物质财富或货币状态。这个概念实质包括两个方面的含义，一是社会可接受的，表现贫困是一个具有时间和空间变化的概念，随着人类社会的发展，不同时期社会可接受的物质财富或货币状态的衡量标准在变化。二是购买一定量商品和服务的能力，体现在一定量的货币对贫困的认知经历了物质匮乏、能力不足与权利缺失三个阶段。贵州脱贫攻坚、住房为先，以改善居住为先导的精准扶贫模式，特别是易地扶贫搬迁模式开创性成功实施所形成的家庭财富，是消除贫困、阻断返贫的坚实基础。

中国人民银行调查统计司城镇居民家庭资产负债调查课题组 2019 年 10 月中旬在全国 30 个省份的抽样调查结果显示，全国家庭资产以实物资产为主，住房占比近七成。该报告还反映出城镇居民中有 76.8% 的家庭靠贷款购房，家庭 75% 的负债源于房贷。

为了全面地了解分析贵州省易地扶贫搬迁工作安置的贫困户家庭财富增长方面的情况，课题组按照实证研究方法深入黔南自治州惠水县、黔东南自治州从江县和黔西南自治州册亨县，选择了共 320 户易地搬迁户做了抽样调查。基本情况如下。

抽样调查的 320 户共计 1568 人，其中少数民族占 74.37%，汉族占 25.63，户均人口 4.9 人。户主文化程度小学及以下占 43.13%，初中占 48.75%，高中占 5%，大学占 3.12%。户主年龄 60 岁及以上占 11.47%，50~59 岁占 17.83%，40~49 岁占 37.58%，31~39 岁占 23.57%，30 岁及以下占 9.55%。从以上抽查统计可以看出贫困户初中及以下文化程度达 91.88%，31~49 岁的占 61.15%。

整体方面。贵州省易地扶贫搬迁户搬迁前平均每户家庭总财富 8.51 万元，搬迁后总财富增加到 46.68 万元（以下数据均不含土地价值），是原来的 5.49 倍，其中房屋价值从 4.68 万元增长到 34.71 万元，是原来的 7.42 倍，房屋占家庭总财富的 74.36%，户均年收入从 2.13 万元增长到 4.77 万元，是原来的 2.24 倍。搬迁不改变原有土地归属（见图 1）。①

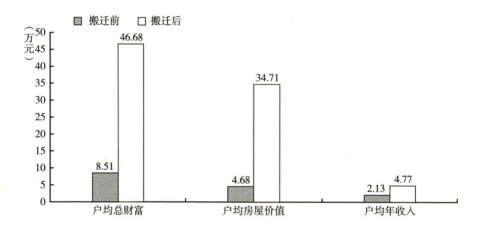

**图 1　2019 年贵州省易地扶贫搬迁户家庭财富变化情况**

注：新房按贵州房地产蓝皮书公布的 2019 年各县均价计算，后同。

从人均方面看。搬迁后，人均总财富从 1.74 万元增加到 9.53 万元，是原来的 5.48 倍，人均房屋价值从 0.95 万元增加到 7.08 万元，是原来的

① 旧房估价经各地生态移民局核准；新房按贵州房地产蓝皮书公布的 2019 年各县均价计算；贵州省自然资源厅、贵州省生态移民局、贵州省税务局共同发布黔自然资发〔2020〕13 号文件明确安置房办理不动产登记。

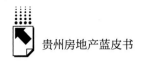
7. 45 倍。人均年收入从 0. 44 万元增加到 0. 97 万元，是原来的 2. 2 倍（见图 2）。

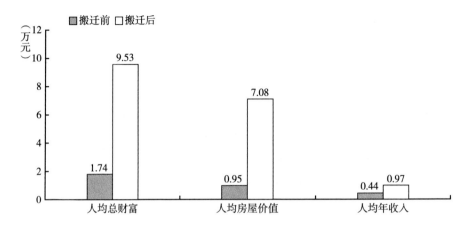

**图 2　2019 年贵州省易地扶贫搬迁户人均财富变化情况**

从区域方面看。黔南州惠水县易地搬迁安置后的贫困户现已形成的户均家庭总资产达 48. 9 万元，其中最高的达 129. 53 万元，最低的为 21. 3 万元。

从户均方面看。惠水县搬迁前平均每户家庭总财富 6. 18 万元，搬迁后总财富增加到 48. 9 万元，是原来的 7. 91 倍，其中房屋价值从 4. 24 万元增加到 37. 97 万元，是原来的 8. 96 倍，房屋占家庭总财富的 77. 65%。年收入从 1. 6 万元增加到 5 万元，是原来的 3. 13 倍（见图 3）。

从人均方面看。搬迁后，惠水县人均总财富从 1. 38 万元增加到 10. 87 万元，是原来的 7. 88 倍，人均房屋价值从 0. 94 万元增加到 8. 45 万元，是原来的 8. 99 倍。人均年收入从 0. 36 万元增加到 1. 1 万元，是原来的 3. 06 倍（见图 4）。

黔东南州从江县易地搬迁安置后的贫困户现已形成的户均家庭总资产达 46. 2 万元。

从户均方面看。搬迁前平均每户家庭总财富 7. 31 万元，搬迁后总财富增加到 46. 2 万元，是原来的 6. 32 倍，其中户均房屋价值从 4. 35 万元增加

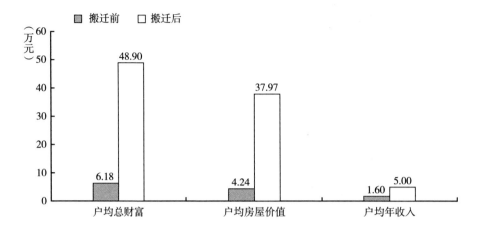

图3　2019年惠水县易地扶贫搬迁户家庭财富变化情况

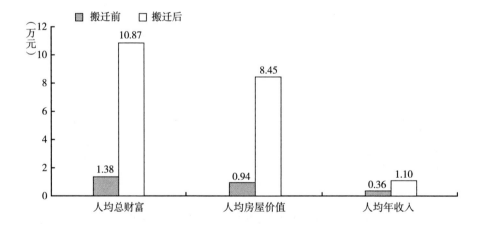

图4　2019年惠水县易地扶贫搬迁户人均财富变化情况

到36.22万元，是原来的8.33倍，房屋占家庭总财富的78.37%。户均年收入从2.53万元增加到4.59万元，是原来的1.81倍（见图5）。

从人均方面看。搬迁后，人均总财富从1.33万元增加到8.41万元，是原来的6.32倍，人均房屋价值从0.79万元增加到6.6万元，是原来的8.35倍。人均年收入从0.46万元增加到0.83万元，是原来的1.8倍（见图6）。

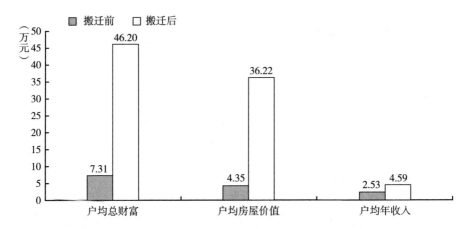

图5　2019 年从江县易地扶贫搬迁户家庭财富变化情况

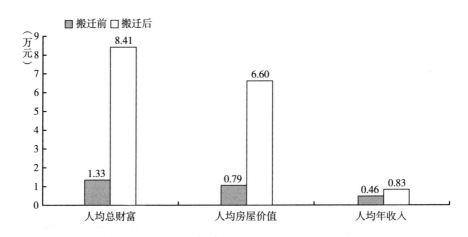

图6　2019 年从江县易地扶贫搬迁户人均财富变化情况

黔西南州册亨县易地搬迁安置后的贫困户现已形成的户均家庭总资产达 42.47 万元。

从户均方面看。搬迁前平均每户家庭总财富 12.29 万元，搬迁后总财富增加到 42.47 万元，是原来的 3.46 倍，其中房屋价值从 5.35 万元增加到 27.74 万元，是原来的 5.19 倍，房屋占家庭总财富的 65.32%。户均年收入从 2.34 万元增加到 4.51 万元，是原来的 1.9 倍（见图7）。

从人均方面看。搬迁后，人均总财富从 2.65 万元增加到 9.15 万元，

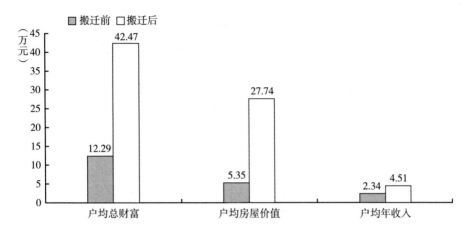

**图7　2019 年册亨县易地扶贫搬迁户家庭财富变化情况**

是原来的 3.45 倍，人均房屋价值从 1.15 万元增加到 5.98 万元，是原来的 5.2 倍。人均年收入从 0.51 万元增加到 0.97 万元，是原来的 1.94 倍（见图 8）。

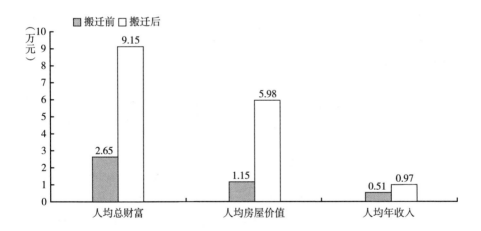

**图8　2019 年册亨县易地扶贫搬迁户人均财富变化情况**

从实例上看。罗某一家五口从岗度镇迁入龙泉社区 100 平方米楼房，搬迁前家庭总财富 4 万元，搬迁后在社区开了一家药草店，家庭总财富增加至 51 万元，其中房屋占家庭总财富的 58.8%（见表 1）。

167

表 1　2019 年惠水县易地扶贫搬迁调查（一）

| 户　主 | 罗某 | 现住址 | 惠水县明田街道龙泉社区 | | |
|---|---|---|---|---|---|
| 家庭人口 | 5 | 原住址 | 惠水县岗度镇宁旺村十二组 | | |
| 户主文化程度 | 初中 | 户主年龄 | 40 | 民族 | 布依族 | 政治面貌 | 群众 |
| 项　目 | 搬迁前家庭财富 | | 搬迁后家庭财富 | | |
| 房屋估值 | 面积 | 估值 | 面积 | 估值 | |
| | 80 平方米 | 5000 元 | 100 平方米 | 30 万元 | |
| 金融资产 | 无 | | 7000 元 | | |
| 动产与耐用消费品 | 无 | | 轿车、烤炉、冰箱等家用电器 | | |
| 生产经营性资产 | 无 | | 自营商铺（和谐社区草药店） | | |
| 土　地 | 5 亩 | | 5 亩 | | |
| 现金收入 | 3 万元 | | 8 万元 | | |
| 合　计 | 4 万元 | | 51 万元 | | |

注：①房屋估值：根据房屋的地理位置、面积、结构、新旧程度等因素对房屋价值的估算；②金融资产：银行存款、股票、债券；③动产与耐用消费品：小轿车、家用电器等；④生产经营性资产：货运汽车、拖拉机等；⑤现金收入：工资、经营性现金年收入。后表同。

　　廖某一家两口从断杉镇八大村迁入新民社区 40 平方米楼房，搬迁前家庭总财富 4.1 万元，搬迁后总财富 21.47 万元，房屋占家庭总财富的 71.86%（见表 2）。

表 2　2019 年惠水县易地扶贫搬迁调查（二）

| 户　主 | 廖某 | 现住址 | 汽贸城 | | |
|---|---|---|---|---|---|
| 家庭人口 | 2 | 原住址 | 断杉镇八大村磨乃组 | | |
| 户主文化程度 | 小学 | 户主年龄 | 29 | 民族 | 布依族 | 政治面貌 | 群众 |
| 项　目 | 搬迁前家庭财富 | | 搬迁后家庭财富 | | |
| 房屋估值 | 面积 | 估值 | 面积 | 估值 | |
| | 100 平方米 | 3 万元 | 40 平方米 | 16.77 万元 | |
| 金融资产 | 0 | | 0 | | |
| 动产与耐用消费品 | 1000 元 | | 7000 元 | | |
| 生产经营性资产 | 0 | | 0 | | |
| 土　地 | 3 亩 | | 3 亩 | | |
| 现金收入 | 1 万元 | | 3 万元 | | |
| 合　计 | 4.1 万元 | | 21.47 万元 | | |

张某一家五口人从上歹村搬入安置点约 100 平方米的房屋，搬迁前与父母兄弟同住，搬迁后妻子就近就业，儿女就近读书。家里老房子卖了 3600元，新迁入的房子估价在 36 万元左右，房屋价值增长近 100 倍。女儿爱好画画并得到了支持（见表 3）。

表 3　2019 年从江县易地扶贫搬迁调查（一）

| 户　　主 | 张某 | 现住址 | | 从江县银新社区 | |
|---|---|---|---|---|---|
| 家庭人口 | 5 | 原住址 | | 从江县丙妹镇上歹村三组 | |
| 户主文化程度 | 小学 | 户主年龄 | 41 | 民族 | 汉族 | 政治面貌 | 群众 |
| 项　　目 | 搬迁前家庭财富 | | | 搬迁后家庭财富 | |
| 房屋估值 | 面　积 | 估值 | 面　积 | 估值 |
| | 100 平方米 | 0.36 万元 | 99.39 平方米 | 36 万元 |
| 金融资产 | 无 | | 无 | |
| 动产与耐用消费品 | 无 | | 冰箱 0.4 万元，电视 0.6 万元，洗衣机 0.3 万元，餐桌 0.3 万元，热水器 0.25 万元，汽车 5.5 万元 | |
| 生产经营性资产 | 无 | | 无 | |
| 土　　地 | 3.49 亩 | | 3.49 亩 | |
| 现金收入 | 2.5 万元 | | 4.5 万元 | |
| 合　　计 | 2.85 万元 | | 47.85 万元 | |

向某一家四口人从高传村搬入安置点约 100 平方米的房屋，搬迁前与他人共住，人均居住面积不足 20 平方米。夫妻二人务工，坚信读书是彻底改变贫困的重要途径，重视子女的教育，女儿医学院毕业在保健院工作，儿子大学在读，被评为教育先进家庭（见表 4）。

表 4　2019 年从江县易地扶贫搬迁调查（二）

| 户　　主 | 向某 | 现住址 | | 从江县银新社区 | |
|---|---|---|---|---|---|
| 家庭人口 | 4 | 原住址 | | 从江县往洞镇高传村三组 | |
| 户主文化程度 | 小学 | 户主年龄 | 49 | 民族 | 侗族 | 政治面貌 | 群众 |
| 项　　目 | 搬迁前家庭财富 | | | 搬迁后家庭财富 | |
| 房屋估值 | 面　积 | 估值 | 面　积 | 估值 |
| | 70 平方米 | 3 万元 | 99.39 平方米 | 36 万元 |
| 金融资产 | 无 | | 无 | |

续表

| 动产与耐用消费品 | 冰箱 1500 元 | 电视 2800 元,洗衣机 2100 元,热水器 2800 元,空调 6000 元 |
|---|---|---|
| 生产经营性资产 | 无 | 无 |
| 土　地 | 5.66 亩 | 5.66 亩 |
| 现金收入 | 3 万元 | 5.7 万元 |
| 合　计 | 6.15 万元 | 43.07 万元 |

# 四　结论

习近平总书记在中共十九届五中全会上指出,共同富裕是社会主义的本质要求,是人民群众的共同期盼。党的十八大以来,我们把脱贫攻坚作为重中之重,使现行标准下农村贫困人口全部脱贫,就是促进全体人民共同富裕的一项重大举措。

易地扶贫搬迁造就的以住房为主的家庭财富增长是"扎实推动共同富裕"的开辟式创新模式,是消除极贫的成功举措,是阻断返贫的可靠保障。联合国千年发展目标的基本需要清单是:食物、衣着、住房、健康、教育,其中最难解决的是住房问题。易地扶贫搬迁不仅解决了住房难题,还客观地形成了一笔家庭财富。一个家庭在一定的时期内有了充足的资产来满足住房的基本需要就可以视为资产富裕。实证研究表明贵州易地扶贫搬迁户的户均总财富已经达到 46.68 万元,是贵州省户均财富的中等水平。

促进全体人民共同富裕是一项长期任务,易地扶贫搬迁工作也只是初战告捷,今后营造井市、创造繁荣的任务更重,我们更要守正笃实,久久为功。

一是融入乡村振兴战略,坚持系统观念,加强前瞻性思考,把营造井市、打造氛围作为就业的基础工程。

二是根据人才市场需求,搞好就业培训,以岗带训,因人施训。

三是提高移民社区基本公共服务均等化水平,让贫困农民市民化。

# B.16
# 惠水县易地扶贫搬迁工作报告

武廷方 禹 灿*

**摘 要：** 2014年惠水县贫困人口8.2万人，贫困乡13个，贫困村108个，其中深度贫困村39个，贫困发生率为20.51%。2015年12月2日，贵州省易地搬迁扶贫在惠水县首先开工，2018年8月底共搬迁4206户17670人，其中贫困人口3298户13654人，全县贫困发生率从20.51%下降到1.54%。

**关键词：** 脱贫攻坚 易地扶贫搬迁 就业定搬

贵州省黔南布依族苗族自治州惠水县有一个远近闻名的好花红镇，该镇辉岩布依寨有一首传唱了几百年的布依族民歌《好花红》，古歌唱道："好花红来好花红，好花生在刺梨蓬。"历经易地扶贫搬迁的乡亲们将《好花红》改唱道："好花红来好花红，好花搬到城镇中。党的光辉像太阳，好花朵朵向阳红。"摆金镇群众罗国清发自内心地说："旧社会为了躲土匪搬进了深山老林，是习近平总书记把我们又从深山搬出来，过上了好日子。"

## 一 惠水县基本情况

惠水县地处贵州中部，北临贵阳、西接国家级贵安新区，全县总面积

---

\* 武廷方，贵州省房地产研究院院长，教授；禹灿，贵州省房地产研究院副秘书长，助理研究员。

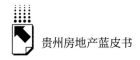
2470 平方公里，辖 8 镇 2 街道办事处 201 个行政村，总人口 47.3 万人，少数民族人口占 61%。环境属于典型的滇桂黔连片石漠化贫困地区，2014 年贫困人口 8.2 万人，贫困乡 13 个，贫困村 108 个，其中深度贫困村 39 个，贫困发生率为 20.51%。

2015 年 12 月 2 日，贵州省易地搬迁扶贫在惠水县首先开工，按照"六个坚持""五个体系"工作要求，结合惠水县实际开展。

## （一）深入贯彻"六个坚持"要求，确保搬得出

一是坚持省级统贷统还。贵州省委省政府对易地搬迁建设资金统一筹措，解决了基层的大问题，确保了县里集中精力抓建设抓入住。所有项目资金实行县扶贫开发投资有限公司专户储存、专账核算、专款专用、物理隔离、封闭运行。二是坚持自然村寨整体搬迁为主。根据实际，确定了"搬迁谁"的"四个原则"，即对"一方水土养不起一方人"的地方重点搬，符合 50 户以下、贫困发生率 50% 以上的自然村寨要求的整体搬，生态脆弱和地灾隐患严重的统筹搬，群众积极性高的地方优先搬。全县共实施整体搬迁 139 个自然村寨，1909 户 8133 人，占"十三五"搬迁计划的 46%。三是坚持城镇化集中安置。在安置点选址上，全部为城镇化集中安置，重点安置在经济开发区，共安置 4017 户 16785 人。城镇化集中安置使群众享受到优质的公共服务，而且就业有保障，奠定了脱贫基础。四是坚持以县为单位集中建设。全部实行县统一规划、统一建设、统一管理。由县委政府主要领导分别包保，严格按照工程项目"四制"要求，坚决杜绝"三边"工程，确保了工程进度和质量。五是坚持不让贫困户因搬迁而负债。严格执行人均住房面积不超过 20 平方米、建筑造价成本不超过 1500 元/平方米、简装不超过 300 元/平方米标准，并配备必备家具和生活用品。六是坚持以岗定搬以产定搬。根据安置点就业岗位和产业布局，合理确定安置点建设规模，确保每户一人以上城镇就业。

## （二）深入抓好"五个体系"建设，确保稳得住

一是深入抓好公共服务体系建设。按照一个移民后扶公司、一个移民服

务大厅、一所移民学校、一个医疗站点、一个农贸市场、一个平价超市、一个老年活动场所、一个"四点半学校"、一个新时代文明实践站、一个文体活动场要求，在各安置点同步规划、同步建设公共服务设施，统筹解决移民群众就学、就医问题，切实提高社区公共服务能力和服务质量。全县新建移民小学1所、幼儿园两所，改扩建中小学6所。二是深入抓好培训和就业服务体系建设。通过实施就业意愿大排查、劳动力全员培训、组织企业召开现场招聘会、因人施策推荐就业、积极创办扶贫车间、积极开发公益性岗位、县内行政事业单位降低标准招录、社区劳务公司灵活组织解决就业、落实政策促进就业、实行领导包保促进就业等方式，帮助移民群众就业。全县搬迁群众共有劳动力3972户9182人，已就业3972户8389人，实现了有劳动力家庭1户1人以上就业，户均就业达1.99人。三是深入抓好文化服务体系建设。建成社区图书室、体育场等公共文化服务设施，结合"三月三""六月六""春节"等节庆活动，促进搬迁群众的互动交往和感情交流，增强群众归属感和认同感。强化民族文化传承，尊重少数民族搬迁群众的风俗习惯和民族感情，增强搬迁群众的民族文化记忆和传承。四是深入抓好社区治理体系建设。合理设置管理机构，组建了"中共惠水县移民社区联合党委、惠水县移民社区管理委员会"，在移民社区设置党支部和居委会，从搬迁群众中选举社区"两委"干部，干部报酬纳入财政预算，并从县直部门和迁出地镇（街道）选派80余名政治素质过硬、熟悉扶贫政策、善做群众工作的干部到移民社区参与管理，确保工作有序推进。实行网格化管理，建立健全社区居民自治机制，健全治安防控机制，确保搬迁群众生活环境安全、和谐、稳定。五是深入抓好基层党建体系建设。在各移民社区成立社区党支部、楼栋党小组，建立群团之家，并选派正科级干部作为第一书记，强化社区治理。

### （三）深入推进"五个三"配套改革，确保能致富

一是盘活"三地"。采取"确权到户、权随人走、带权进城"的办法，对搬迁户承包地、宅基地、林地"三地"进行确权颁证，明确搬迁群众按

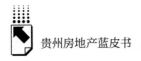

照政策享受的土地、林地等政策仍然不变。结合"三变"改革，由县移民后扶公司按田 400 元/亩，土 300 元/亩对移民田地进行流转，交由企业或合作社统一管理，重点发展经果林、中药材、花卉苗木、特色养殖等产业，产生收益后按照 10% ~ 20% 产业发展红利进行分红，让迁出点资源成为搬迁群众稳定的一项收入来源。

二是落实"三就"。在就业方面，制定了鼓励吸纳就业优惠政策，企业每安排一名移民就业，一次性奖励 2000 元，并给予企业贷款贴息。对引进企业开发了"迁企贷"等金融产品。移民创业的享受小微企业补助。对 50 岁以上一时难以在非农领域就业的，将农业园区、扶贫车间等建在家门口。在就学方面，严格按照贫困学生奖励扶助标准兑现奖励政策。开通搬迁群众子女就学绿色通道和公交直通车，优先保障搬迁群众子女就近入学。在就医方面，根据安置点人口情况分别设置移民社区卫生服务中心，在其他社区设置卫生服务站，按标准配备医疗设备和医务人员，建立搬迁人口健康档案和医疗精准扶贫救助档案，进行动态管理和监测，同时实现搬迁户签约医生服务全覆盖。

三是衔接"三保"。按照"就高不就低、群众自愿、从优选择"的原则，做好低保、医保和养老保险的转移衔接工作，确保应保尽保。在低保衔接上，全部将农村低保转为城市低保；建档立卡贫困人口和低保户按照每人每月 500 元标准，一次性发放 3 个月临时生活救助金，让搬迁群众实现生活平稳过渡。在医保衔接上，在移民安置点建立合医便民服务平台，移民群众在家门口就可享受基金缴纳、查询、医疗费用报销补偿等便捷服务。搬迁群众自主选择参加新型农村合作医疗保险或城镇居民基本医疗保险；进入企业务工且劳动关系稳定的，参加城镇职工基本医疗保险。在养老保险衔接上，搬迁群众自愿选择参加城乡居民养老保险或城镇职工养老保险。

四是建好"三所"。同步推进经营性场所、公共服务场所和农耕场所"三个场所"的建设，加快公共服务均等化，增强群众获得感。经营性场所由县移民后扶公司进行统一经营管理，优先安排并让利给有经营意愿又有经营能力的搬迁群众。县移民后扶公司统一经营政府性资产，所得收入一部分用于群众补贴，降低群众生活成本。同步建设社区服务中心、文化活动广场、老年活动中心、青少年社会事务中心等，增加群众获得感。为搬迁群众就近开辟农耕"微田园"，由县移民后扶公司流转土地，提供给有需求的移民群众耕种，减轻群众的生活成本，化解乡愁。

五是完善"三制"。配套完善社区管理服务、群众动员组织、集体经营三个机制，实现社区管理规范化。由县移民后扶公司统一经营移民安置点政府性资产，收益用于补贴移民的公共服务费用。成立移民社区党支部、居委会、互助组、团支部、工会等，加强社区自我管理能力。成立移民社区新市民文明实践站，对搬迁群众开展感恩、技能、文明、法制等四项教育培训，让自力更生、光荣脱贫，跟党走、享党福、感党恩的理念扎根搬迁群众意识中。深入开展"两带头三服务"（即带头搬、带头拆，服务移民、服务社区、服务留守老人与儿童等）活动，利用节日节气，组织社区群众开展丰富多彩的文化活动，展示移民生活新风采。

### （四）深入实施"四项教育"工程，确保快融入

为帮助移民群众快速融入新生活，组织开展感恩教育、技能教育、文明教育、法治教育，使群众转变观念做到身份融入、工作融入、心理融入、生活融入，实现从贫困农民向新型市民的转变。一是强化感恩教育。以新时代文明实践站、易地搬迁扶贫感恩记忆馆、移民夜校、在搬迁户家中悬挂新旧房对比照片等为载体，加强教育培训，让搬迁群众在新旧生活对比中树立听党话、跟党走、感党恩意识。二是强化技能教育。通过摸排群众就业意愿，组织开展就业技能培训，让群众尽快适应企业用工需求。三是强化文明教育。将社会主义核心价值观和社区居规民约在社区进行大力宣传，引导搬迁群众破除红白喜事大操大办、互相攀比等陋习，在社区内形成助人为乐、团结友善、互相帮扶的新型人际关系和良好道德风尚，不断提高社区文明程度。四是强化法制教育。加强劳动纪律培训，遵守企业工作制度。在服务中心设置法律服务窗口，安排专人开展法律援助、普法教育、矛盾纠纷调处，有效促进社区和谐稳定。结合"七五"普法，组织观看法律宣传片、设置

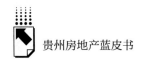

普法工作员和驻村工作队等开展普法宣传，进一步提升移民群众法律意识和法制观念。

## 二 惠水县易地扶贫搬迁主要成效

2018 年 8 月底惠水县共搬迁 4206 户 17670 人，其中贫困人口 3298 户 13654 人，提前完成了"十三五"搬迁任务。全县贫困发生率从 2014 年的 20.51% 下降到 2018 年底的 1.54%，13 个贫困乡镇和 108 个贫困村相继出列，2019 年 4 月 24 日，贵州省政府宣布该县退出贫困县，7 月 5 日至 10 日，国务院扶贫办组织的贫困县退出抽检复核，抽查组认定惠水县各项指标真实可靠，零漏评零错退，群众认可度高于 90%，实现高质量脱贫摘帽。惠水县易地扶贫搬迁群众搬迁后四年多来，1362 人买上了小汽车，8454 人找到了合适的工作岗位，3365 户新添置了洗衣机、冰箱等大型家电，4200 余名适龄移民子女进城入学，录取大专以上院校的移民子女达 482 人。

1. 有效实现一步脱贫奔小康

共搬迁建档立卡贫困户 3298 户 13654 人，人均年收入达 1.3 万元，全部实现脱贫。

2. 有效阻断贫困代际传递

通过实施易地搬迁扶贫，17670 名群众搬出了偏僻山沟，生活条件显著改善，生产生活方式发生巨大变化，共享城市公共资源，改变了子孙后代的命运。

3. 有效推进新型城镇化和新型工业化进程

通过实施易地搬迁扶贫，提高城镇化率 3.7 个百分点，辐射新增带动 2882 名在外务工人员返乡创业就业，县内务工比例从 24% 提高到 57%。易地搬迁工程建设直接投资 11.63 亿元，消化了大量的水泥、钢筋等建材产能，带动了相关产业发展，创造了大量就业岗位，增加了农民务工收入。

4. 有效促进农村治理和乡村振兴

实现了农村人口布局、土地资源、建设规划、产业发展等要素的优化和再分配，为乡村振兴奠定了基础。

5. 有效提高贫困人口综合素质

通过实施易地搬迁扶贫，以新时代文明实践站、移民夜校等为载体，开展"四项教育"，提高人口综合素质。

6. 有效促进了生态环境持续好转

通过集中搬迁和分散搬迁疏解，减轻了资源承载压力。

7. 有效夯实党的执政基础

广大移民群众享党福、颂党恩。

# 三　惠水县明田移民安置点情况

2019 年 7 月，贵州省政府批复同意设置明田街道办事处，为深化移民管理服务提供了组织保障。明田街道辖 4 个移民社区 3 个行政村，面积 27.4 平方公里，总人口 20484 人（其中 4 个社区共 3118 户 12760 人，贫困户 2298 户 9396 人）。

## （一）以岗定搬、以产定搬

树立"就业一个人就是激活一个家"的理念，立足区位优势，把握群众结构的特殊性。

明田安置点在 3 个村开展 2 轮全员人口大普查和边缘户、脱贫监测户排查，共普查农户 1918 户 8292 人，其中贫困户 81 户 243 人，脱贫监测户 1 户 3 人，边缘户 3 户 8 人。同步开展社区全员人口大排查，共排查搬迁户 6224 户 25784 人，有劳动力 6733 人，常年在省外务工 2979 人、省内县外务工 820 人、县内务工 2519 人，有就业培训需求 3268 人。

安置点创新"12341"就业工作模式，助推移民群众就业。"1"是围绕培训就业 1 个核心。遵循"因人施培、因产施培、因岗施培"方针，有针对性地开展技能培训，做到培训全覆盖。"2"是紧盯摸清底数和搭建平台两个关键。依托就业创业服务中心，采集移民基本信息、就业意向和培训需求等，建立搬迁劳动力信息库。搭建扶贫招聘平台，常态化举办中大型就业招聘会，采取微信等新媒介线上发布信息、网格员入户线下推介等方式，移民群众"足不出户"享受就业服务。"3"是落实"各种补贴政策兑现、畅通绿色通道、撤销防疫卡点实行宽出严进"3项保障。办理好省外务工搬迁群众交通生活补助，加设长途车票直售点、提供免费体检、出具外出证明，实现"一条龙"免费服务；推行"宽出严进管理"模式，运用大喇叭宣传动员群众复工复产。"4"是找准"招强做大扶贫车间送岗务工、与扶贫就业基地合作灵活用工、定岗推荐就近务工、公益性岗位安置务工"4条路子。建成伊科达等中型扶贫车间10个，推行"党支部+扶贫车间+贫困户"模式，就近解决3400余名移民就业。同时将扶贫资金投资入股企业，实现企业、贫困户和村级集体经济"多赢"；用活社区劳务公司联动资源，组织群众就近到蔬菜基地、茶场等扶贫基地务工，增加家庭收入；多渠道开发、争取公益性岗位，安置就业困难人员。"1"是实现一个目标。通过服务移民、服务企业，真正实现易地移民搬迁群众"搬得出、稳得住、能致富"的目标。

社区成立了移民后续发展服务劳务公司、轩铭实业有限公司、唐人坊等扶贫车间，组织在家的妇女成立了巾帼手工坊。社区还建设了社区综合农贸市场，引进了制衣等劳动密集型扶贫车间，多渠道解决社区移民、易地扶贫搬迁群众就业，达到户均就业2人以上。截至目前，社区集体经济经营性收入积累达50万元左右。

## （二）推动"村社合一"，确保脱贫稳定

全面调减低效农作物550亩，探索多种模式多种渠道发展产业惠及群众。一是盘活固有资源，最大限度发挥资源效能。采取"公司+村集体+农户"的方式种植精品蔬菜150亩。二是用活扶贫政策，最大限度建好扶贫车间。三是激活设施建设，最大限度提升社区服务功能。

### （三）乐业安居

明田街道党工委盘活"三地"为群众增收，落实"三就"让群众加快融入，衔接"三保"使群众安心入住，建好"三所"增加群众归属感，完善"三制"激扬群众后续发展。实施易地扶贫搬迁"五个体系"建设，以坚实的后续扶贫发展政策向搬迁群众脱贫致富持久发力，逐步达到习近平总书记提到的让搬迁群众过上"乐业安居的好日子"的美好愿景。

**a.** 王佑镇董上村告拉组
梁老花原房样貌

**b.** 王佑镇董上村告拉组
梁老花新房样貌

**c.** 王佑镇董上村冗纳组
梁小穷原房样貌

**d.** 王佑镇董上村冗纳组
梁小穷新房样貌

**图1　惠水县易地扶贫搬迁前后房屋对比**

# B.17
# 贵州省农村危房改造的发展历程、
# 主要做法与实践成效

摘　要：　"有恒产者有恒心"。农村住房安全保障是贫困群众最为关注
的问题，是衡量贫困人口脱贫的基本要求和核心指标；也是
"两不愁三保障"总体目标中最直观、最具标志性的任务之
一，直接关系到打赢脱贫攻坚战、决胜全面建成小康社会的
质量；更是增强农村贫困群众脱贫致富信心的"关键钥匙"。
贵州是全国率先开展农村危房改造的试点省份，也是全国脱
贫攻坚的主战场，更是全国农村危房改造数量和脱贫人口最
多的省份。贵州自2008年开展农村危房改造以来，坚持推进
农村危房改造与人居环境整治、乡村振兴、大数据、易地扶
贫搬迁、住房安全保障等相结合，取得了显著的阶段性成果，
为全国在打赢脱贫攻坚战、实现贫困群众"住房安全保障"
提供了贵州样本，为贵州全面建成小康社会、助力乡村振兴
奠定了坚实基础。

关键词：　农村危房改造　住房安全保障　贵州省

---

* 陈其荣，贵州省社会科学院城市经济研究所助理研究员，主要研究方向为城市经济与管理；
王兴骥，贵州省社会科学院城市经济研究所所长，研究员，博士生导师，贵州省省管专家，
研究方向为社会学、民族学。

# 一　引言

党的十八大以来，党中央把脱贫攻坚作为全面建成小康社会的底线任务和标志性指标，并作出了一系列重大部署。精准脱贫被列入全面建成小康社会的三大攻坚战之一，其中住房安全保障作为脱贫攻坚的核心目标之一，也是贫困人口脱贫的基本要求和重要衡量指标。2019 年 4 月 16 日，习近平总书记在重庆"两不愁三保障"突出问题座谈会上强调："到 2020 年稳定实现农村贫困人口不愁吃、不愁穿，义务教育、基本医疗、住房安全有保障，是贫困人口脱贫的基本要求和核心指标，直接关系攻坚战质量。"[①] 加快精准扶贫、精准脱贫步伐，坚决打赢脱贫攻坚战，确保到 2020 年在现行标准下我国农村贫困人口实现脱贫、贫困县全部摘帽、解决区域性整体贫困，对推动农村地区尤其是农村贫困群众的全面发展具有十分重要而深远的指导意义。习近平总书记多次强调，稳定实现扶贫对象不愁吃、不愁穿，义务教育、基本医疗、住房安全有保障，是中央确定的目标。[②] 要紧紧扭住包括就业、教育、医疗、文化、住房在内的农村公共服务体系建设这个基本保障，编织一张兜住困难群众基本生活的安全网，坚决守住底线。[③] 相关论述映射出在决胜脱贫攻坚中解决困难群众的住房安全问题，是关系打赢脱贫攻坚战、实现全面脱贫的重要内容。

住房安全有保障是实现精准脱贫不可或缺的重要组成部分，只有确保贫困人口住房安全有保障，才有"安得广厦千万家"，才有全面建成小康社会的基础。贵州是我国西部发展较为滞后的省份，也是脱贫攻坚的主战场。近年来，贵州全面贯彻落实习近平总书记关于实现贫困人口稳定脱贫的重要指示和党中央脱贫攻坚战略部署，始终坚持以脱贫攻坚统揽经济社会发展全

---

① 《统一思想一鼓作气顽强作战越战越勇　着力解决"两不愁三保障"突出问题》，《人民日报》2019 年 4 月 18 日。
② 《把扶贫开发作为战略性任务来抓》，《人民日报》2013 年 11 月 25 日。
③ 《习近平论扶贫工作——十八大以来重要论述摘编》，《党建》2015 年第 12 期。

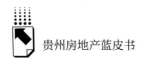

局；坚持把"两不愁三保障"作为贫困人口脱贫的基本条件和核心指标；始终将农村危房改造和住房安全保障作为重大民生工程，确保农村贫困人口从"住有所居"到"居有所安"，深入推进大扶贫战略行动的决策部署，将农村危房改造和住房安全保障贯穿脱贫攻坚，融入乡村振兴和新型城镇化等多项战略的全过程。

## 二 贵州省住房安全保障的发展历程

贵州省住房安全保障的发展历程起步早，2008年贵州遭遇百年不遇的雪凝灾害，农村房屋倒塌、损坏严重，为改善困难群众住房条件，贵州率先推进农村危房改造，开启了农村危房改造的开端。在经历了早期试点到扩大试点范围、总结经验并在全国全面推行，再到"十三五"时期脱贫攻坚中明确提出住房安全保障的目标，贵州的这些措施均具有典型的示范作用。根据贵州省农村危房改造、农村危房改造提升、住房安全保障等循序演化进程，可以将其发展历程分为初步探索阶段（2008~2011年）、全面推进阶段（2012~2016年）和深化提升阶段（2017年至今）。

### （一）初步探索阶段（2008~2011年）

#### 1. 农村危房改造的早期试点（2008年）

党中央、国务院始终将农村危房改造作为重要的决策部署，早在2008年1月，贵州省发生特大低温雪凝灾害，造成大量农村民房倒塌损害，总量达到15.92万间，涉及农户5.3万户，给受灾群众生产生活带来了极大的影响。同年2月，温家宝总理在视察贵州省雪凝灾情时强调，要把灾后造成倒塌、损害房屋的重建和修复工作与推进农村危房改造工作结合起来。同年3月，贵州省成立农村危房改造工程领导小组及办公室，标志着农村危房改造工作的全面启动。同年5月，胡锦涛总书记批示将贵州的农村危房改造列入全国第一个试点省，指出要尽快做出规划，制定政策，开展工作，务求实效。同年7月，贵州正式启动了农村危房改造"万户试点"及随后的"扩大试点"工作,试点总户数达 4.33 万户。贵州作为全国首个农村危房改造的试点省份,开启了农村危房改造和住房安全保障的新征程。

自 2008 年 7 月贵州正式启动农村危房改造万户试点以来,贵州省委、省政府高度重视,加强领导,采取了"规划先行、着眼长远、分类指导、资源整合"的工作方法,以农村危房改造促进村庄整治,以村庄整治带动农村危房改造,将做好农村危房改造工作,加强对农村住宅建设的领导和管理,将进一步改善贵州省广大农民群众的居住条件和生活条件视为落实科学发展观、改善民生和促进社会和谐的重要举措。贵州正式启动农村危房改造"万户试点"工程之初,省级财政、市(州)和县(市、区)配套资金先行拨付,稳步推进"万户试点"工程的实施,对 10869 户危房进行了改造,涉及贵州 9 个市(州)、21 个县(市、区),覆盖 119 个乡(镇),该项工程于 2008 年 12 月底全面竣工。"万户试点"工程的成功推进,率先在我国农村危房改造中敲响了"第一锤",贵州农村危房改造的经验为全国农村危房改造提供了借鉴样板和经验启示。

2. 农村危房改造的试点扩大期(2009~2011 年)

鉴于贵州省农村危房改造工作经过"万户试点"的成功推进,2009 年国务院确定将农村危房改造试点任务扩大,贵州全部县(市、区、特区)均被纳入试点改造范围之列,农村危房改造进入试点扩大期,标志着贵州农村危房改造工作进入全面启动阶段。自此贵州开始全面推开农村危房改造工作,为切实贯彻落实好国家扩大农村危房改造试点措施,贵州省及时调整了贵州省农村危房改造工程领导小组办公室及工作职责,颁布了《农村危房改造工程党政领导干部问责办法》,为农村危房改造的有序推进保驾护航。此外,贵州省编制了《贵州省农村危房改造工程总体规划方案(2009~2016 年)》,计划用八年的时间完成 192.48 万户农村危房改造任务,其中 2009 年计划改造 3.25 万户危房,扩大试点工程政府共投入补助资金 4.57 亿元,包括中央补助资金 2 亿元。

随着"扩大试点"阶段工作的全面推开,2010 年贵州完成了农村危房改造第一批"整县推进"的阶段性试点工作,覆盖全省 13 个试点县(市、区、特区），共计完成各类危房 83049 户，并且同年在部分县（区）陆续启动第二批"整县推进"试点任务。截至 2010 年底，中央下达贵州省 38 万户农村危房改造任务数，下拨中央补助资金 20.8 亿元，省级财政累计配套 26.91 亿元，市、县两级累计匹配 20.6 亿元，农户自筹资金约 123.06 亿元，贵州已累计完成 60.17 万户农村危房改造。① 自 2008 年开始，贵州在全省建立了农村危房改造联系点制度，分别有 200 余个单位和部门分片定点联系全省 88 个县（区、市），结合区域现状，坚持因地制宜，分别采取了"原地分散重建""相对集中重建""整县推进""地质灾害易地搬迁或原地治理相结合""五保户集中供养""局部改造"等多种方式推进危房改造工作，为贵州全面推进农村危房改造试点工作奠定了基础。2011 年是从"全面推进"到新一轮"扩大试点"的过渡期，全省农村危房改造定下以 40 万户/每年的改造速度加快推进，自此贵州农村危房改造进入新一轮启动阶段。

## （二）全面推进阶段（2012～2016 年）

### 1. 农村危房改造的加速阶段（2012～2014 年）

在全省农村危房改造试点扩大之后，全省农民改造危房的积极性空前高涨，农村危房改造加快推进速度，全面进入加速推进阶段。并将农村危房改造与村庄整治、扶贫生态移民工程相结合，推进农村与城镇的良性互动和融合发展。根据计划，2012 年、2013 年每年以 40 万户的速度快速推进，到 2014 年计划改造 10 万多户。随着农村危房改造工作的推进，到 2012 年共完成农村危房改造 43.95 万户，中央下达农村危房改造与生态移民扶贫相结合的补助资金 1.1 亿元，其中 1500 万元补助资金用于支持 30 个村庄的整治试点工作。

2013 年习近平总书记在中共中央政治局第十次集体学习时强调，努力

---

① 《危房改造工程助农村贫困户"安居乐业"》，http://www.mohurd.gov.cn/dfxx/201103/t20110315_202824.html。

把住房保障和供应体系建设办成一项经得起实践、人民、历史检验的德政工程。按照党中央、国务院关于建设"四在农家·美丽乡村"的决策部署，贵州紧扣"四在农家·美丽乡村"目标，启动新一轮农村危改工作，并于2013年成为全国美丽乡村两个试点省份之一，紧紧围绕"功能完善、文明和谐"的小康寨目标，加快推进小康寨建设，坚持以优先改造一级危房、地质灾害危房、五保户二三级危房为"先棋手"，保障农村群众的住房安全。随着扶贫工作的深入推进，贵州省住房和城乡建设部门坚持"应改尽改"的基本原则，会同财政部门、发改部门在全省范围内深入开展第二次农村危房摸底排查，并颁发了《贵州省新一轮农村危房改造工程总体规划方案（2014~2020年）》，贵州农村危房改造在新的规划方案下全面有序推进，明确了农村危房改造的工作任务和具体实施进度，2014年共完成农村危房改造35万户，累计完成农村危房改造192万户，并在2014年提前完成全部危房改造任务。

2. 农村危房改造的深入推进阶段（2015~2016年）

2015年开始，党中央、国务院作出坚决打赢脱贫攻坚战的战略决定，提出到2020年全面建成小康社会，实现农村贫困人口"两不愁三保障"的目标，住房安全保障作为重要目标之一，是在以农村危房改造为基础上的提升，农村危房改造开始聚焦脱贫攻坚。党的十八大以来，随着精准扶贫战略的全面实施，贵州省农村危房改造工作进入新的阶段，为了深入推进"房改扶贫"，贵州省住房和城乡建设部门不断强化组织保障、完善认定标准、加强质量监督、增加资金供给、健全考核机制，切实聚焦建档立卡贫困户、低保户、农村分散供养特困对象和贫困残疾人等四类重点对象，锁定2020年决胜脱贫攻坚、同步全面小康目标，全面铺开脱贫攻坚农村危房改造和住房保障工作。自农村危房改造以来，先后以拆除重建、加固维修等方式进行两轮危房改造，2015年、2016年完成农村危房改造分别为35万户、30万户；截至2016年底，贵州省完成第二轮农村危房改造共计达到100万户，全省已累计完成农村危房改造292.48万户。采取分步骤、分阶段方式顺利超规模完成中央下达的80.71万户农村危房改造的任务，不仅有效保障和改善了民生，

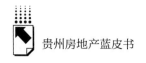

且有力地促进了经济社会发展。通过政府引导、群众自建、不强迫命令、不大包大揽、充分调动农户改善居住条件的积极性和主动性，解决了农村困难群众居住安全问题，取得了"建设一线、推动一片、带动一方"的良好效果。

### （三）深化提升阶段（2017年至今）

新时期农村住房保障工作的重点要与决胜脱贫攻坚相结合，2017年4月9日，贵州省人民政府发布了《关于聚焦脱贫攻坚加强建档立卡贫困户等重点对象农村危房改造工作的通知》（黔府办发〔2017〕12号），要求以"两不愁""三保障"为基本目标，农村危房改造的重点要聚焦建档立卡贫困户、低保户、农村分散供养特困人口、贫困残疾人家庭等四类重点对象，要切实提升农村危房改造扶贫的精准度。2017年8月11日，贵州省政府进一步出台了《贵州省农村危房改造和住房保障三年行动计划（2017～2019年）的通知》（黔府办发〔2017〕33号），明确了在脱贫攻坚决战期贵州省农村危房改造的中心任务和实施步骤，在全面消除就地脱贫群众住房安全隐患、实现"住房安全有保障"脱贫底线目标的基础上，对住房基本使用功能不全、卫生健康条件不好的农村危房同步实施改厨、改厕和改圈的"三改"工程。在贵州决胜脱贫攻坚的历史关键期，贵州农村危房改造和住房安全保障工作持续走向深入，2018年贵州进一步深化提升危改工作，全面聚焦建档立卡贫困户、低保户等4类重点对象，进一步针对老旧住房透风漏雨现象、同步配套开展专项整治，贵州省人民政府下发的《关于扎实推进农村老旧住房透风漏雨专项整治的通知》（黔府办函〔2018〕132号）明确提出，要以"顶不漏雨、壁不透风、门窗完好"为基本目标，多措并举落实农村住房保障，实现厨卧分离、厕圈分离、人畜分离，不断完善全方位的农村住房保障体系，提升农村住房的居住功能、安全系数和卫生健康水平。此外，贵州省还出台了《贵州省农村老旧住房透风漏雨整治认定标准（试行）》，为农村危改和住房安全保障工作的顺利开展提供了系统科学标准，明确了乡镇政府以"一户一档"为基本原则，建立农村老旧住房透风漏雨专项整治档案，并且加强工作实践的业务指导，适时开展督查，自老旧住房透风漏雨整治工作启动以来，全省全面排查到户整治总台账高达30.6万户。到2018年底，贵州四类重点对象农村住房"危改""三改"全部完成，已累计改造完成农村危房约324.89万户，全省投入农村危房改造的中央、省、市（州）、县（市、区）四级财政资金累计达349.07亿元，基本解决了约1200万农村人口住房安全问题。

2019年，全省农村危房改造和住房安全保障进入深化提升阶段，全面实施农村人畜混居整治，制定《贵州省农村人畜混居整治技术手册》以及实施意见，安排下达1.5亿元省级补助资金，并同步配套实施"三改"工程，全面消除现有农村危房改造存量，农村危房改造和住房安全保障的精准发力，为打赢脱贫攻坚战奠定了基础。2019年全年完成4.86万户农村危房改造、30.6万户农村老旧住房透风漏雨整治、7.12万户农村人畜混居整治，农村危房改造和住房保障取得阶段性成效。在住房和城乡建设部、财政部组织的全国农村危房改造年度绩效考核中，贵州2017年、2018年、2019年连续三年获得全国第一。

2020年，贵州紧紧围绕确保按时高质量打赢脱贫攻坚战的要求，全面聚焦威宁县、纳雍县、榕江县、从江县、赫章县等12个挂牌督战县等重要地区，充分利用贵州数字乡村住房保障App系统，围绕农村危房改造、农村老旧住房透风漏雨整治、农村人畜混居整治等重点任务，扎实开展脱贫攻坚农村危房改造和住房保障挂牌督战。通过实施农村危房改造，开展专项治理和专题宣传，建立长效机制，抓好驻村专班，巩固拓展脱贫成果，开展全面筛查排查，保障贫困群众住房安全，全面提升居住质量，增强贫困群众的幸福感、获得感。

## 三 贵州省住房安全保障推进的工作成效与亮点做法

### （一）工作成效

自2008年贵州省率先在全国启动农村危房改造以来，贵州省委省政府高度重视农村住房安全保障工作，紧紧围绕实现贫困户住房安全有保障的任务要求，聚焦支持建档立卡贫困户等四类重点对象，集中精力、全力攻坚贫困群众的危房改造和住房安全，已累计实施危房改造约330万户，取得了实质性的进展和良好成效，让贵州数百万贫困农民住上安全房。尤其是党的十八大以来，贵州累计实施农村危房改造220万户，实现了千万农村群众居有所安的梦想，为大量贫困群众集中精力抓生产创造了条件。并且累计同步配套实施改厨改厕改圈45.5万户，累计实施农村老旧住房透风漏雨整治30.6万户，累计实施农村人畜混居整治7.12万户；切实推进农村卧室、厨房、厕所等合理分离，切实改善了农房基本居住功能，切实解决了大量农村住房透风漏雨问题，切实提升了农村群众居住质量，切实改善了农村人均环境，也深刻改变了农村贫困群众落后的居住条件。

贵州是全国贫困人口最多、实施农村危房改造最早、实施农村危房改造最多的省份。在率先开展农村危房改造的同时，同步配套"三改"，率先开展农村老旧住房透风漏雨整治，全面开展农村人畜混居整治工作，创新探索数字乡村建设平台，创新推进农村百姓共同缔造"励志超市"，激发农村贫困群众的自身发展动力，在住房和城乡建设部、财政部组织的全国农村危房改造年度绩效考核中连续斩获佳绩，2018年作为全国农村危房改造工作积极主动、成效明显的5个省份之一，获得国务院通报表扬。

1. 构建了完备的农村住房保障体系

完备的农村住房保障体系保证了贵州省农村危房改造和住房安全保障高效高质推进。贵州在农村危房改造和住房安全保证的实践中，逐步建立并健全了住房安全保证的政策体系，先后印发了全省农村危房改造工作、扩大试点的指导意见，农村危房改造补助资金、聚焦脱贫攻坚加强建档立卡贫困户等重点对象农村危房改造、全省农村危房改造精准服务脱贫攻坚工作实施方案，扎实推进农村老旧住房透风漏雨专项整治等一系列文件；相继出台了《农村危房改造工程建设实施方案》《贵州省农村危房改造资金管理暂行办法》《贵州省新一轮农村危房改造工程工体规划方案（2014～2020年）》《农村危房改造和住房保障三年行动计划（2017～2019年）》《贵州省农村老旧住房透风漏雨整治认定标准（试行）》《进一步加强脱贫攻坚住房安全保障建筑设计技术指导》《贵州省城乡建设美好环境与幸福生活共同缔造工作计划》《贵州省农村人畜混居整治工作实施意见》《贵州省人畜混居整治技术手册》《贵州省脱贫攻坚农村住房安全保障数据档案整县验收方案》《贵州省脱贫攻坚农村危房改造和住房保障挂牌督战工作方案》等一系列政策，保障了贵州农村危房改造和住房保障工作有规可依、有章可循。

住房安全保障政策体系涵盖了农村危房改造、减灾抗灾、生态扶贫、改厨改厕改圈、老旧住房透风漏雨整治、励志超市缔造、易地扶贫搬迁、少数民族传统村落保护等多领域。从宏观层面来看，住房安全保障体系从农村贫困群众住房安全出发，既保证了群众的住房安全，也考虑了农村住房的实用性和舒适性，又关注了农村贫困群众发展的自身动力。从微观层面来看，住房安全保障体系贯穿了农村危房改造和住房安全的全过程，包含农村危房的认定、资金供给、技术支持、政策宣传、工作进度统筹、工程验收标准、监督考核机制等全过程，形成了较为完备的住房安全保障体系的贵州模式。

2. 制定了系统的贵州房改技术标准

农村危房改造和住房保障需要专业的技术指导，贵州贫困群众多分布在高山、深山、峡谷等交通发展滞后的多民族农村地区，各地农村住房在建造结构、建材选择、建造工艺、建造风格等上具有明显的地域特色。贵州住房和城乡建设部门在制定房改技术标准上既考虑了国家标准、又充分结合地方建筑特色，在不断试点探索中制定并完善了贵州农村住房保障技术标准体系。在农村危房改造的早期试点阶段，贵州省出台了《贵州省农村危房改造工程建设技术导则》《贵州省农村危房改造工程建设管理暂行办法》《贵州省农村危房改造工程工作规程》等一系列文件，确立了贵州农村危房改造的技术导则、建设管理和操作规程，为全省农村危房改造顺利开展奠定了基础。

在脱贫攻坚期，贵州陆续出台了《贵州省农村危房"危改""三改"工程质量安全技术导则（试行）》《贵州省农村危房改造工程质量检查验收统一标准（试行）》《贵州省进一步加强脱贫攻坚住房安全保障建筑设计技术指导工作的通知》《贵州省脱贫摘帽县农村危房改造住房保障和传统村落发现现场指导》《贵州省农村老旧住房透风漏雨整治认定标准（试行）》《贵州省农村老旧住房透风漏雨整治验收标准》《贵州省脱贫攻坚住房安全有保障危房简易评定标准（试行）》《贵州省人畜混居整治技术手册》等系列标准，对农村危房改造、住房安全评定、改厨改厕改圈、老旧住房整治、传统村落认定等工作进行了认定、评定、建造、发现、验收的技术指导，对工作流程和工作程序进行了细化。此外，结合贵州省农村住房的木质结构、砖木混合结构、实木结构等不同类型的房屋，因地制宜出台整治措施，尤其是传统村落、历史文化名镇名村等认定中，突出保护和整治相结合，最大化保留传承农村住房的地域特色。

3. 保障了农村群众住房"居有所安"

2008～2018年，贵州农村危房改造投入中央、省、市、县四级财政资金累计达349.07亿元，完成农村危房改造共324.89万户。其中2012年以来完成危房改造约221万户，2018年启动农村老旧住房透风漏雨专项整治到户整治总台账为30.6万户，惠及千万农村贫困群众，保障了农村贫困人口的住房安全，实现了从"住有所居"到"居有所安"的转变，并初步形成了贵州省住房安全保证体系。在保障群众住房安全中，全省住房和城乡建设部门更加强化推进改厨改厕改圈与农村人居环境整治相结合，启动了农村老旧住房透风漏雨专项整治工作，探索了激发农村贫困群众自身发展动能等一系列工作，不仅保证了农村群众"住有所居"，同时还关注农村群众居住安全、居住质量、居住健康的全面提升，改善了农村群众的生活环境和方式，拉近了干群关系，通过发挥政府的主导作用，采取技术指导、资金补助、舆论宣传等方式，充分调动了农村群众的积极性、主动性和责任感，增强了农村群众的参与感、获得感和幸福感。

4. 探索了乡村创新建设的贵州模式

在农村危房改造的工作基础上，着力探索乡村创新建设的贵州模式。一是通过凝聚专业力量夯实农村危房改造工作，创新性组建了农村危房改造技术服务专家库。形成具有高级以上专业支撑的专家160余人，并分为10个专家组对口帮扶 1 个市（州）的技术服务，针对性开展实地调研、入户检查、现场指导、集中培训、课题研究等，开展农村建筑工匠培训。专家组并就农村危房改造和住房保障相关政策、农村危房认定标准、农村危房改造管理信息系统录入分析等内容，对市（县）住建部门、乡镇干部等农村危房改造业务骨干开展培训指导，2018 年以来累计培训建筑工匠及带头人 1.78 万人。二是充分发挥贵州大数据综合综合试验区的资源优势，创新搭建贵州数字乡村建设监测平台。聚焦服务贵州脱贫攻坚农村危房改造和住房保障工作，同时兼顾融"农村生活垃圾收运处置体系""乡镇生活污水处理""共同缔造励志超市""传统村落建设管理"等内容于一体的信息化平台，通过信息化自动化监测手段，有效监测农村生活垃圾收运、乡镇生活污水处理、全面核实农村危房改造情况、住房地理位置信息等。截至目前，全省已有 27 个县完成农村危房改造和住房保障整县验收工作，有效推动贵州省农村危房改造和人居环境整治工作的开展，有效提高了贵州省农村危房改造和住房保障工作整县验收工作效率。

5. 形成了精准施策的"四个全"经验

农村危房改造结合实际、因地制宜，精准施策，做到"四个全"。一是全覆盖鉴定。紧紧围绕贫困人口不住危房的要求，制定了评定标准，明确评定程序，组织技术人员和专业机构，对全部建档立卡贫困户住房进行全覆盖安全评定，切实做到贫困户住房安全。同时，还搭建了建档立卡贫困户住房保障数字监控平台，以航拍地理信息为地图，逐户核实建档立卡贫困户的安全住房信息坐标、实物照片和评定报告，确保住房安全保障全覆盖、零遗漏。二是全领域提质。紧紧围绕高质量打赢脱贫攻坚战的要求，结合贵州省农房木结构占比大的现状、易产生透风漏雨问题，2018 年全面实施农村老旧住房透风漏雨整治；结合贵州省部分农村贫困农户的厨房、卧室与畜禽圈舍混杂，存在人畜共患疾病的风险，2019 年全面实施农村人畜混居整治，并同步配套实施"三改"工程。三是全过程控制。紧紧围绕危房改造质量，针对贵州省民风民俗及气候特色，编制不同地区民居建设指引图集，细化危房改造面积标准，推广家庭人数与建房面积相匹配的民房设计，要求乡镇建设机构、国土机构、村委会、建筑工匠、建房户等五方主体，确保危房改造在建筑防线、基槽验收、主体封顶、竣工验收等环节全到场，保障工程质量。四是全方位培训。紧紧围绕应训尽训、应知尽知、应会尽会的要求，针对基层人员，编印学习折页、简易读本、验收标准、技术导则等，直接培训乡镇干部1万余人次；针对建筑工匠，编印农村房屋施工技术活与操作手册等，以建筑工匠带头人为重点，培训各类建筑工匠近万人次；针对普通农户，制作政策明白卡，贫困户逐户张贴住房安全保障明白栏，让农村危房改造政策惠及千万家。农村危房改造拉近了党群、干群距离和关系，为贵州决胜脱贫攻坚和全面建成小康社会奠定坚实基础。

## （二）亮点做法

### 1. 农村危房改造 + 人居环境整治

贵州农村危房改造注重与农村人居环境整治相结合。第一，超前谋划全省农村危房改造和住房保障工作。制订了2017～2019三年行动计划，明确到2019年完成现有台账上所有农村危房改造任务，提前一年实现农村住房安全保障。截至目前，贵州省正开展查漏补缺和逐户核实工作，进一步精准聚焦贫困户住房安全保障目标。第二，坚持"应改尽改"原则，同步实施改厨、改厕、改圈。自2017年开始对农村危房改造对象同步配套实施三改，实现农房居、厨、厕、圈等合理分离，改善了农村住房的基本居住功能和卫生健康条件。第三，开展农村老旧住房透风漏雨整治。贵州农村房屋木质结构较多，2018年以来贵州以"顶不透雨、壁不透风、门窗完好"为整治目标，制定整治标准，明确整治范围，开展摸底排查，对存在透风漏雨的约30.6万户农村老旧住房开展专项整治，切实改善贫困户基本居住条件。第四，开展农村人畜混居整治。结合农村贫困群众住房和牲畜混居的现状，2019年以来积极开展农村人畜混居整治，采取新建独立圈舍、原址整治、实施集中圈养等方式，切实消除农村人畜混居现象，进一步改善了人居环境质量。

2. 农村危房改造 + 乡村振兴战略

贵州农村危房改造注重融入乡村振兴战略。第一，凝聚专业力量夯实农村危房改造工作基础。先后印发了《贵州省农村危房改造质量安全技术指南（试行）》，建立了农村危房改造技术服务专家库，广泛开展农村建筑工匠培训工作，发动组织省内技术力量支援深度贫困地区开展技术帮扶，住房和城乡建设部门带头、行业骨干踊跃参与、城镇专业技术力量下沉，充实了农村住房安全保障的后备力量。2016 年以来累计培训各级农村危房改造和住房保障相关人员近 22 万人次，其中市、县、乡镇干部、工作人员近 13 万余人次，培训各类建筑工匠及技术带头人 9 万余人次。第二，开展幸福生活共同缔造激发群众脱贫动力。贵州结合国家住房和城乡建设部美好环境幸福生活共同缔造工作部署，先后在义龙新区并嘎村、六枝特区新寨村、台江县台拱村、赫章县海雀村、安顺经开区歪寨村开展试点，建立了以基层组织为发动机、以励志超市为载体的幸福生活共同缔造工作机制。巩固了脱贫成果，激发了贫困群众内生动力，从"被动"到"主动"，变"输血"为"造血"，建立公益扶贫"励志超市"，以党建引领为核心，创新基层治理体系，全面推进村民自治，实现农村危房改造的"共谋、共建、共管、共评、共享"的良好局面。第三，保护传统村落，安"小家"传承特色"大家"。在开展农村危房改造和住房保障的同时，根据全省不同市（州）的建筑风格和民族特色，编印农房建设参考图册，为区域农村房屋改造科学合理布局、完善使用功能和保存地域风貌提供了参考。贵州印发了传统村落保护发展工作要点，明确决战脱贫攻坚、加强规划引领、实施分类管理、强化消防安全、加强民生保障、创新文化传承、开展示范推广等。截至 2019 年，全省 724 个村寨入选中国传统村落名录，总数量位居全国第一。

3. 农村危房改造 + 大数据战略行动

贵州农村危房改造注重与大数据战略行动的融合。深入贯彻党中央、国务院的决策部署，落实数字乡村建设，结合决战决胜脱贫攻坚重大历史任务，推出"贵州数字乡村建设监测平台"，展示了贵州乡村建设数字化成果。与此同时，结合平台配套的贵州省数字乡村收集 App，开展全省脱贫攻坚农村危房改造和住房保障整县验收工作，该平台极大地优化了纸质存档、线下收集和管理的效率，使农村住房信息得到完整、高效、全面的保存，并结合区域化系统管理，分级进行权限管理，实时监测和核实工作推进进度，为开展住房安全保障督导工作提供有效的技术支持。

4. 农村危房改造 + 易地扶贫搬迁

贵州农村危房改造注重与易地扶贫搬迁相结合。第一，坚持制度引领，强化住房安全引导。贵州坚持把农村危房改造和易地扶贫搬迁作为打赢脱贫攻坚的重要手段，按照"搬迁是手段，脱贫是目标"的要求，出台了关于精准实施易地扶贫搬迁的规范性文件，同步配套出台了 13 个支撑性文件和一系列政策宣传和操作性文件，省直部门配套了 20 个行业配套文件，成立了省委书记、省长任双组长，省政府、市州党政主要负责人为副组长和成员的指挥部，统一组织领导并统筹协调整体推进，构建了较为完善的政策体系和体制机制，有力、有序、有效地推进全省农村危房改造和易地扶贫搬迁工作。第二，坚持脱贫目标，推进易地扶贫搬迁安置。对于生活在"一方水土养不起一方人"的石山区、深山区和贫困地区，注重因地制宜，精准施策，将"挪穷窝"、"换穷业"和"斩穷根"同步推进，将"搬迁是手段，脱贫是目的"同步实施，在安置区选址、安置模式选择、安置房及配套设施建设、后续产业发展和就业扶贫作为住房安全保障的前置条件，推进易地扶贫搬迁靠近重点村、城镇、产业园区、旅游景区，着力推进农村危房改造与易地扶贫搬迁有机结合，努力实现扶真贫和真扶贫。"十三五"期间，贵州共完成 10090 个自然村寨整体搬迁，坚持城镇集中安置，从源头上阻断了贫困发生的频率，同时也提升了退出村寨地区的自然生态修复能力，实现了生态效益最大化。

5. 农村危房改造 + 住房安全保障

贵州农村危房改造注重与住房安全保障相结合。第一，开展"户户见"工作。2020 年，贵州省委省政府作出冲刺 90 天、打赢歼灭战的决策部署，全省住房和城乡建设系统对挂牌督战县所有建档立卡贫困户再次开展"户户见"问题筛查排查，针对"八个是否"①开展"户户见"现场核验。第二，开展"四项清零"工作。省住房和城乡建设厅分别就脱贫攻坚农村危房改造相关问题整改，以2017年农村危房改造工程为重点，分别开展农村危房改造质量问题清零行动、农村危房改造面积超标清零行动、农村危房改造补助资金清零行动、农村危房改造建新住旧清零行动等工作，保障了农村危房改造的安全、透明和规范。第三，开展数据档案整县验收工作。充分利用"贵州省数字乡村App"，联合省、市、县扶贫、民政、移民和残联等部门，分三批对全省88个县区192万户建档立卡贫困户住房安全保障数据档案进行整县验收工作，确保住房安全保障无死角。

---

① 就地脱贫的贫困户是否按照要求出具住房安全评定结果，纳入农村危房改造是否达到竣工验收条件，现居住房是否还存在透风漏雨现象，现居住房是否还存在人畜混居现象，纳入易地扶贫搬迁、生态移民搬迁、地质灾害搬迁的是否存在原住地危房未拆除或仍居住危房情况，户籍地住房为危房但在外地购有安全住房或居住廉租房、公租房或居住养老院、残疾人托养机构的是否有印证材料，户籍地住房为危房但在务工地租赁安全住房的是否有印证材料，长期外出务工无法联系的是否按要求提供印证材料。

# 热 点 篇

**Hotspot Report**

# B.18
# 贵州省社会公租房运营分析

武廷方　胡蝶云*

摘　要：　2020 年，受疫情影响，国内租赁市场受到较大冲击，尤其是长租公寓，普遍面临出租率下降的问题，但仍要给正常业主支付房租，企业现金流吃紧，经营压力更大，经营困难，少有盈利，长租公寓明星企业也存在与业主协商降价的情况。疫情考验了企业的运营能力和资金筹措能力。"跑路"俨然成为 2020 年租赁市场的关键词，三线城市贵阳的租赁企业更是"跑路"不断，租赁市场乱象丛生，租赁行业之路何去何从引人深思。

关键词：　长租公寓　租赁行业　贵州

* 武廷方，贵州省房地产研究院院长，教授；胡蝶云，贵州省房地产研究院秘书长，助理研究员。

# 一 租赁市场现状概述

2020年，住房租赁市场由于疫情影响受到较大冲击，尤其是长租公寓。据公开信息，2020年上半年，全国16家中小长租公寓企业倒闭，其中11家是因"高收低出"的模式，导致经营不善或资金链断裂而倒闭。另据不完全统计，自2017年至2020年8月底，国内长租公寓已有70家企业爆雷与倒闭。

2020年，三线城市贵阳曝出多家房屋中介卷款跑路事件，3月，位于贵阳南明区花果园的贵州海森宜居房地产经纪有限公司突然人去楼空。9月初，成都奇家艺科技有限公司贵阳分公司突然卷款跑路，造成至少700人受害。9月初，另一家进入贵阳不到一个月的"优客友家"房屋托管公司负责人跑路，该公司提前收取了租客一年的租金而未付房东租金，9月12日，名为"寓缘居科技有限公司"的房屋托管公司人去楼空，800多名贵阳业主和租户将房屋托管给该公司。被诈骗金额约300万元。

"高进低出""长收短付""租赁贷"已成为目前租赁市场的三大诟病，昔日的长租公寓领域是众多资本必争之地，但当达摩克利斯之剑落下，资本大潮褪去，留下的只是一地鸡毛与无辜的业主、租客。

2016年，国务院办公厅《关于加快培育和发展住房租赁市场的若干意见》强调实行购租并举，培育和发展住房租赁市场，进一步规范市场秩序、完善租赁市场法规制度。2019年12月，住建部发布了《关于整顿规范住房租赁市场秩序的意见》，要求控制房屋租赁行业"杠杆率"，租金贷收入占比不得超过30%。明确规定房屋中介机构不得吃差价，续约不收费。2020年9月7日，住建部发布《住房租赁条例（征求意见稿）》，并正式向社会征求意见。这是我国第一部专门规范住房租赁市场的国家级行政法规。

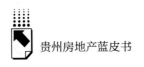

## 二 贵阳市租赁市场现状

### （一）贵阳市租赁价格指数环比下跌

2020年9月，中国城市租赁价格指数为1041.6，较上月下降0.4，环比下跌0.03%，同比跌幅0.15%（见表1）。监控的35个城市中，共有10个城市指数环比上涨。此外，有25个城市指数环比不同程度下跌。四个一线城市中，北京、上海和重庆租赁价格指数有所上涨，涨幅分别为0.05%、0.54%和0.38%；广州、深圳租赁价格指数有所下跌，跌幅分别为0.63%、0.65%。

**表1 2019年9月全国租赁价格指数**

| 日期 | 指数 | 环比（%） | 同比（%） |
|---|---|---|---|
| 2019年9月 | 1043.2 | 0.01 | −0.19 |
| 2019年10月 | 1043.4 | 0.02 | 0.29 |
| 2019年11月 | 1043.5 | 0.01 | 0.62 |
| 2019年12月 | 1043.7 | 0.02 | 0.63 |
| 2020年1月 | 1043.9 | 0.02 | 0.60 |
| 2020年2月 | 1043.9 | 0.00 | 0.46 |
| 2020年3月 | 1044.2 | 0.03 | 0.48 |
| 2020年4月 | 1044.3 | 0.01 | 0.45 |
| 2020年5月 | 1044.3 | 0.00 | 0.43 |
| 2020年6月 | 1042.9 | −0.14 | 0.22 |
| 2020年7月 | 1042.8 | 0.00 | 0.22 |
| 2020年8月 | 1042.0 | −0.08 | −0.11 |
| 2020年9月 | 1041.6 | −0.03 | −0.15 |

资料来源：易居房地产研究院、贵州省房地产研究院。

从全国城市租赁价格指数环比变化来看，截至2020年9月，全国35个大中型城市租赁价格指数环比大多数下降，其中贵阳市环比下降0.29%，同比下降1.34%（见表2）。

表2 2020年9月各城市租赁价格指数环比变化情况

| 省份 | 城市 | 指数 2016年1月 =1000 | 环比 (%) | 同比 (%) | 省份 | 城市 | 指数 2016年1月 =1000 | 环比 (%) | 同比 (%) |
|---|---|---|---|---|---|---|---|---|---|
| 直辖市 | 北京 | 1170.9 | 0.05 | −0.90 | 山东 | 济南 | 904.8 | −0.22 | −1.96 |
| | 天津 | 1019.7 | −0.94 | −1.14 | | 青岛 | 1002.1 | −0.21 | 0.16 |
| | 上海 | 1127.8 | 0.54 | 1.26 | 河南 | 郑州 | 945.8 | −0.84 | −2.91 |
| | 重庆 | 1035.9 | 0.38 | 1.85 | 湖北 | 武汉 | 1001.6 | 0.04 | −1.50 |
| 河北 | 石家庄 | 992.9 | 0.20 | −0.56 | 湖南 | 长沙 | 943.9 | −0.13 | −2.32 |
| 山西 | 太原 | 965.9 | −0.40 | −2.12 | 广东 | 广州 | 1095.6 | −0.63 | −0.23 |
| 内蒙古 | 呼和浩特 | 1006.9 | −0.23 | 0.65 | | 深圳 | 1081.0 | −0.65 | −0.95 |
| 辽宁 | 沈阳 | 964.5 | −0.02 | −1.63 | 广西 | 南宁 | 978.3 | −0.12 | −1.61 |
| | 大连 | 1064.5 | 0.44 | −0.82 | 海南 | 海口 | 988.3 | −0.16 | −0.92 |
| 吉林 | 长春 | 986.6 | −0.04 | −0.65 | 四川 | 成都 | 1064.2 | 0.72 | 0.99 |
| 黑龙江 | 哈尔滨 | 979.2 | −0.36 | −0.74 | 贵州 | 贵阳 | 942.8 | −0.29 | −1.34 |
| 江苏 | 南京 | 1047.7 | 0.07 | 0.77 | 云南 | 昆明 | 987.7 | −0.37 | −1.14 |
| 浙江 | 杭州 | 1062.9 | 0.30 | 0.90 | 陕西 | 西安 | 982.6 | −0.16 | −1.04 |
| | 宁波 | 1005.9 | −0.22 | −0.51 | 甘肃 | 兰州 | 960.2 | −0.10 | −1.67 |
| 安徽 | 合肥 | 962.0 | −0.42 | −1.52 | 青海 | 西宁 | 987.4 | −0.33 | −1.03 |
| 福建 | 福州 | 1006.4 | −0.17 | −0.72 | 宁夏 | 银川 | 987.5 | −0.11 | −0.53 |
| | 厦门 | 975.5 | 0.32 | −1.23 | 新疆 | 乌鲁木齐 | 1072.7 | −0.59 | −0.30 |
| 江西 | 南昌 | 976.0 | −0.09 | −1.22 | | | | | |

资料来源：易居房地产研究院、贵州省房地产研究院。

受租赁市场整体环境影响，从贵阳市租赁价格指数表看，截至2020年9月贵阳市租赁价格指数为942.8，较上月下降2.7，整体小幅下跌，环比下跌0.29%，同比下跌1.34%（见表3）。

表3 2020年9月贵阳租赁价格指数

| 日期 | 指数 | 环比(%) | 同比(%) |
|---|---|---|---|
| 2019年9月 | 955.6 | −0.24 | −2.59 |
| 2019年10月 | 956.7 | 0.11 | −2.28 |
| 2019年11月 | 956.7 | 0.00 | −2.11 |
| 2019年12月 | 957.8 | 0.11 | −1.81 |

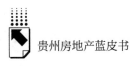

续表

| 日期 | 指数 | 环比（%） | 同比（%） |
|------|------|---------|---------|
| 2020 年 1 月 | 957.2 | − 0.06 | − 1.60 |
| 2020 年 2 月 | 957.0 | − 0.02 | − 1.57 |
| 2020 年 3 月 | 957.0 | 0.00 | − 1.32 |
| 2020 年 4 月 | 954.6 | − 0.25 | − 1.20 |
| 2020 年 5 月 | 952.5 | − 0.22 | − 1.10 |
| 2020 年 6 月 | 949.0 | − 0.37 | − 1.24 |
| 2020 年 7 月 | 946.9 | − 0.21 | − 1.15 |
| 2020 年 8 月 | 945.5 | − 0.15 | − 1.29 |
| 2020 年 9 月 | 942.8 | − 0.29 | − 1.34 |

资料来源：易居房地产研究院、贵州省房地产研究院。

## （二）贵阳市住房租赁市场分析

2020 年住房租赁市场的传统旺季推迟明显。据贵州省房地产研究院数据统计，疫情暴发以来，住房租赁市场成交量呈现"断崖式"下跌，在疫情防控严格的 2 月，市场几乎停滞，直至 3 月初疫情逐渐得到控制后需求才开始逐渐回升，较往年春节后的"小阳春"推迟近一个月之久。3 月全国 18 个重点城市租赁整体成交量环比 2 月虽然增加 5.33 倍，但因为 1 月、2 月市场持续低位运行，导致 2020 年第一季度的租赁成交量同比上年仍降低 16.00%。整个行业新签租房降至上年同期的 15% ~30%，出租率跟上年同期相比下降了 10%，而且还在持续下降中。

据贵州省房地产研究院收集的住房租赁市场样本数据分析，贵阳市的住房租赁市场依然处于低水准、欠发达的状态，截至 2020 年 8 月，贵阳市主城区每平方米租金均价为 24.02 元，在去库存和新型城镇化建设的大背景下，住房租赁市场已经获得较多的政策支持。但是，必须面对的一个现实是，目前国内的租赁市场发展非常不充分。贵阳市属三线城市，租赁市场区域化特征明显，受疫情影响以及租赁人员结构的年轻化和对住宅需求的多样性，2020 年上半年贵阳市租金整体发展持下降态势，租赁市场空置率持续攀升，但随着疫情的结束，下半年的租赁市场将逐步修复并止跌反弹。

# 三　贵州省社会公租房运营模式分析

贵州省安居社会公租房中心是国内首家民营的社会公共租赁房专营公司。公租房中心2016年开始运营，4年时间一共为贵阳市的中低收入家庭提供了近6000套社会公租房。社会公租房的所有房屋出租价格均低于市场价15%～30%，房源基本供不应求，社会公租房坚持"平价收储、平价出租、不吃差价、薄利多租"的经营理念，赢得了广大贵阳市民的信赖，开创了房东存房年限平均达4年、房客租房年限平均达2年的较为稳定的租赁市场，并创造了出租率达到98%、服务满意度达98%、房屋出租率为98%、合同违约率为1%的良好业绩，在2020年的贵阳租赁市场各类租赁机构纷纷上演"跑路"之举时，贵州省社会公租房中心的租赁业务保持了房东与房客稳定增长的发展态势，社会公租房以其独到的运营模式在贵阳租赁市场上一枝独秀，成为贵阳租赁市场的独特风景。

## （一）社会公租房创新模式总结

### 1. 社会公租房的定位创新

社会公租房是由专营机构按"房屋银行"模式从社会收储，租金低于市场价格，向承租人提供与其消费能力相适应的、长期稳定的优质租赁住房。与政府保障性公租房的最大区别在于一切以市场实际需求出发，真正按市场配置资源的法则进行房源配租，通过合同规范市场及产品，是房屋租赁领域真正意义上的实践创新。

### 2. 社会公租房运营的治理结构创新

要改变我国公租房由政府承包运营的现状，首先应该实行"民办公助"模式。1521年在德国问世的社会公租房，就是由德国著名的福格尔家族企业开办的，世界著名的音乐家莫扎特家族，就曾经在这个世界最早开

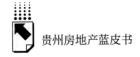
办的社会公租房小区居住过。实际上社会公租房是公租房的开山鼻祖。

3. 引导社会建立科学的房地产消费理念创新

要改变我国目前房地产消费"重视买房、轻视租房"的现状，引导社会建立房地产消费应该"梯级消费""以租为始"的理念。

国办发〔2016〕39号文件指出：实行购租并举，培育和发展住房租赁市场是深化住房制度改革的重要内容，是实现城镇居民住有所居目标的重要途径。

4. 市场配置资源是运营模式的创新

以往政府机构运营公租房模式的难题是"准入"和"退出"机制的实施，有时还会发生寻租行为，社会公租房按市场配置资源的法则进行配租，它的"准入"和"退出"由市场决定，对符合政府保障性住房条件的群体，实行"租补分离"，由政府审批后发放租金补贴。

5. 社会公租房可以给承租人有限"房权"创新

中国租房市场发育不良的一个重要原因是承租人的权利没有保障，"租房合同一年一签，年年涨价"。"房屋银行"社会公租房将租房变成了房屋使用权交易，住房制度三个核心要素是地权、房权、税收。社会公租房是在合同期内赋予承租人有期限的房屋使用权。

## （二）社会公租房运营大数据分析

1. 租客年龄占比情况

社会公租房中心租赁数据显示，从年龄来看，年龄在21～25岁的租客占比最高，达32%。26～30岁的租客占比为28%，40岁以上的租客占比为1%，可以看出"90后"依然是目前贵阳市租房的主体人群（见图1）。

2. 租客工作年限情况

数据显示，从工作年限来看，工作年限为1～3年的租客占比最高，达41%，工作年限为4～6年的租客占比为30%，1年以下的租客占比为16%，工作10年以上的租客占比最低，为5%，可以看出，与年龄层相对应，"90后"及工作年限3年以下人群仍为租房的主力人群（见图2）。

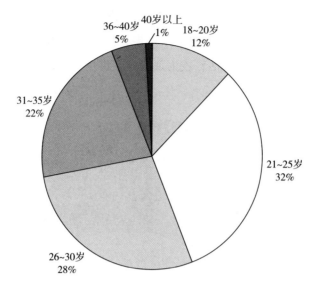

**图1　社会公租房中心租客年龄构成**

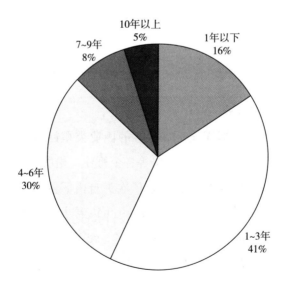

**图2　社会公租房中心租客工作年限**

3. 租客学历分布情况

从租客学历分布情况来看，社会公租房中心租客学历层次较高，以大专学历为主，占比45％，本科及以上学历租客占比为30％，大专以下学历占比为25％，可以看出随着城市的不断发展，机会与挑战并存，高学历人员基本选择留在城市工作与生活，成为现代"贵漂"一族（见图3）。

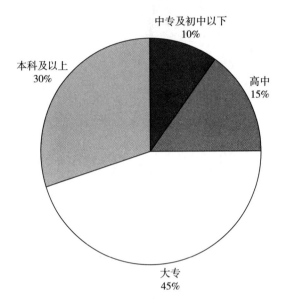

**图3　社会公租房中心租客学历情况**

4. 租客职业分布情况

社会公租房中心数据库显示，租客的职业类型涵盖面较广，涉及计算机/互联网/通信、销售、保险、装修等各个行业，租房占比较为均匀，其中销售行业从业人员占比为18％，其余依次为自由职业（14％）、计算机/互联网/通信行业与其他职业（均为12％）。可以看出，目前通过租房安居城市，仍旧是大多数人的首次住房选择，安全、稳定、性价比高的住房租赁成为人们从租房到买房的必要过渡（见图4）。

5. 租客收入水平分析

据社会公租房中心数据库统计分析，贵阳市作为三线城市，普通市民收入不能与一、二线城市相提并论，从租客的收入水平看，普遍收入在3001～5000元，这一占比为61％，这也代表了贵阳市绝大多数工薪阶层的收入水平，

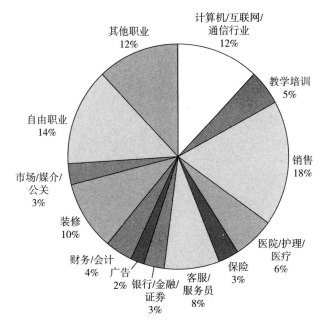

**图4 社会公租房中心租客职业分布**

3000元及以下的收入占比为21.5%，这两个层次的收入占比达82.5%，成为租客的主要代表群体，5001~8000元收入占比为14%，8001~10000元的占比仅3%，此部分租客主要职业为银企高管以及保险、计算机/互联网/通信等行业白领人士。租客收入水平的高低直接影响租房价格水平的高低（见图5）。

6. 租客群意愿租金收入比

统计数据显示，从意愿租金收入比来看，在11%~20%收入的占比最高达38%，5%~10%收入的占比为26%，21%~30%收入的占比为24%，可以看出目前社会公租房中心的租客大部分愿意拿出收入的10%~30%来支付房租，收入占比在40%以上的仅占4.5%，表明当租房租金高于个人收入的40%时，大多数人难以承受，合理的租金收入比是租客选择租房的必要条件（见图6）。

## （三）社会公租房运营模式启示

中共贵州省委、贵州省人民政府发布的《关于推进供给侧结构性改革

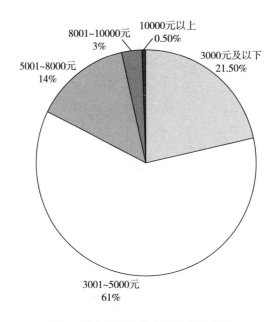

图5　社会公租房中心租客收入情况

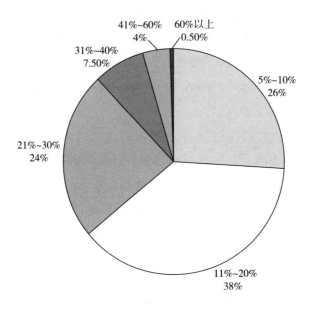

图6　社会公租房中心租客意愿租金收入情况

提高经济发展质量和效益的意见》中指出，积极发展住房租赁市场，鼓励境内外机构投资者和自然人购买库存商品房，成为租赁市场的房源提供者，鼓励发展以住房租赁为主营业务的专业化企业，形成"薄利多租"的住房商业模式。

贵州省安居社会公租房中心作为国内第一家民营的社会公共租赁房公司，它的诞生是与当前化解房地产库存、推进以满足新市民为出发点的住房制度改革相符的。社会公租房与政府提供的保障性公租房互为补充，有着房源分布广泛、层次多样化的特点。对于符合国家保障性住房条件的中低收入家庭，还可以按"租补分离"的规定协助申请租金补贴。

贵州省安居社会公租房中心未来拟考虑收储空置房的主体——毛坯房，通过与金融机构合作探索装修贷款等模式扩大房源，引导建立"梯级消费""以租为始"的理念，逐步改变房地产消费"重视买房、轻视租房"的现状。

# Abstract

*Annual Report on the Development of Guizhou's Real Estate No. 7* ( 2020 ) explores the industry development trends of Guizhou real estate market with rigorous style, neutral angle, unique perspective, full and accurate data and scientific theory. The book consists of General Report, Report On Land, Report On Housing Security, Report On Finance, Report On County And District Subject, Special Report and Hotspot Report. The General Report makes a comprehensive and comprehensive analysis of the development of the real estate market in Guizhou Province in 2019, and the other articles analyze the development of the real estate market in Guizhou prefectures and cities from different angles. The members of each research group in the report come from the front-line management and staff of 9 cities (states) in the province. the data of the report are collected in detail, which truly and objectively reflects the real estate development of each city (state) in the past year. it has positive reference and guidance value for the development of real estate industry in each city (state) .

Guizhou is the main battlefield for China to get rid of poverty. Since December 2015, Guizhou has carried out poverty alleviation and relocation work on an unprecedented scale in Guizhou history for the poor people living in areas where "one side of soil and water cannot support the other" . Housing has a far-reaching impact and significance on poverty alleviation. Focusing on "getting rid of poverty, housing comes first" in 2020, the special report of this book continues to show the achievements made by Guizhou Province on the road of poverty alleviation, go deep into the field investigation and investigation of poverty alleviation and relocation in different places, and objectively analyze, scientifically predict and show Guizhou's achievements in poverty alleviation from various angles.

The real estate market in Guizhou dropped significantly in 2019, and the growth rate of commercial housing sales area, commercial housing sales price and new housing construction area was significantly lower than that in 2018, and the commercial housing inventory index was significantly higher than that in 2018. Affected by the epidemic, it is expected that the real estate market in Guizhou Province will decline further in 2020, and the growth rate of commercial housing sales area and sales price will decline.

**Keywords:** Guizhou; Real Estate Market; Poverty Alleviation

# Preface

At the end of 2019, I attended the symposium held by the provincial party committee to promote the healthy development of real estate in our province. At this meeting, I made a speech on "some opinions and suggestions on promoting the healthy development of the real estate industry in our province". Review the track of the development of the real estate industry in Guizhou Province in recent years. In the past ten years, the total investment in real estate in the province is 1. 892722 trillion yuan, the total sales area of commercial housing is 348. 7 million square meters, and the sales amount is 1. 657029 trillion yuan. from the data, we can draw the following conclusions: first, the real estate industry has made a great contribution to the social and economic development of Guizhou; second, a stable and healthy real estate market is the well-being of the society.

Last year, our institute published the scientific research results of "getting rid of poverty and housing first", which was well received by all walks of life. The essence of real estate is to provide space and services for social and economic development, and housing construction deserves to be a sharp weapon to get rid of poverty. Since getting rid of poverty, Guizhou Province has completed the renovation of 3. 3 million dilapidated houses in rural areas and the relocation of 453900 households to help the poor, laying a solid foundation for the province to win the battle of poverty alleviation in a timely and high quality manner.

Clayton Christensen, a world poverty expert and professor at Harvard University, wrote in his masterpiece that China's achievements in poverty reduction in recent years are an achievement that people all over the world should be proud of. Why official aid programs from developed countries have invested trillions of dollars in poverty alleviation to poor countries over the past few decades, all of which have ended in failure. It can be seen that poverty alleviation is not just a matter of money. The key to China's achievement that has attracted the world's attention is that it has made scientific decisions and arrangements and formed Xi Jinping's poverty alleviation theory with a complete system, strict logic and rich connotation. A series of innovative models such as precise poverty alleviation and relocation have been implemented, and the market has been formed and prosperity has been created in places where soil and water cannot support the other.

This book is the seventh Blue Book of Real Estate of Guizhou edited and published by our institute. In the column "Poverty Alleviation, Housing first", we have published the research results on the relocation of poverty alleviation and the renovation of dilapidated houses in rural areas for your reference.

Wu Tingfang
November 2020

# Contents

## I General Report

B. 1   The Real Estate Market Analysis of 2019 and the

Prediction of 2020                     *The General Report Group* / 001

**Abstract:** The real estate market in Guizhou dropped significantly in 2019, and the growth rate of commercial housing sales area, commercial housing sales price and new housing construction area was significantly lower than that in 2018, and the commercial housing inventory index was significantly higher than that in 2018. The area of commercial housing sales in 9 cities (states) rose, 6 cities (states) increased, the largest increase was 23.2% in southeastern Guizhou, and the biggest decline was 11.1% in Zunyi; commercial housing sales prices in 8 cities (states) rose, the largest increase was 12.7% of Liupanshui, Tongren fell 5.14%; real estate development investment, nine cities (states) increased, the largest increase was 59.1% in Qiandongnan Prefecture. Affected by the epidemic, it is expected that the real estate market in Guizhou Province will decline further in 2020, and the growth rate of commercial housing sales area and sales price will decline.

**Keywords:** Guizhou; Real Estate Market; Investment in Real Estate Development

# Ⅱ Report on Land

## B. 2 Review and Prospect of Land Market in Guizhou (2019)

*Xia Gang, He Kun /* 039

**Abstract:** Guizhou Province has strengthened the accurate supply of land elements, promoted the redevelopment of inefficient urban land, promoted the economical and intensive use of land, continued the supply pattern of allocation and transfer, and maintained the growth of total supply and the number of parcels of land. the degree of marketization has been further improved, and land elements have provided a solid support and guarantee of natural resources for winning the fundamental victory of the decisive battle against poverty. The average land supply price of all kinds of land elements in the province shows an upward trend as a whole.

**Keywords:** Land Market ; Land Sales Revenue; Real Estate Development Land

## B. 3 The Report on Land Auction of Guiyang in 2019

*Wu Tingfang, Hu Dieyun /* 055

**Abstract:** In 2019, under the influence of national regulation and control policies, Guiyang real estate market as a whole remained stable. Guiyang soil auction market released a large number of high-quality land, which attracted many powerful real estate enterprises to compete for many times, and at the same time, many new face real estate enterprises settled in Guiyang. On the whole, under the situation that the heat of the national land market is high before and after low, the land market in Guiyang is still brilliant, and the land in the main urban area is still hot. Compared with previous years, the land data increased month-on-month.

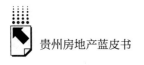

And new housing enterprises continue to enter Guiyang, Guiyang's soil market is improving.

**Keywords**: Guiyang; Land Market ; Land Auction

# Ⅲ Report on Housing Security

B. 4 Operation Analysis of Guizhou Housing Accumulation

Fund in 2019 *Zhang Shijun* / 071

**Abstract**: In 2019, the province's housing provident fund maintained a healthy and stable development, the coverage of deposit was further expanded, the withdrawal and loan business was standardized and orderly, the risk control was continuously strengthened, and the collection amount and value-added income increased to a certain extent. the overall operation is good. Adhere to the development of housing provident fund, reform and improve the system of problems and deficiencies. Actively supervise and guide all localities to build a comprehensive service platform for housing provident fund. At present, all centers in the province have basically completed a comprehensive service platform for housing provident fund, providing a variety of service channels for employees, such as portals, online service halls, mobile clients, Wechat, and Alipay, to further improve service efficiency and service level, and the province's economy continues to maintain a good momentum of development on the basis of continuous high-level operation for many years. At the same time, the healthy development of housing provident fund has played a better social and economic benefits.

**Keywords**: Guizhou Province; Housing Accumulation Fund; Personal Housing Loan

# Ⅳ  Report on Finance

## B. 5  The Real Estate Enterprise Financing and the Real Estate Consumer Financing in Guizhou Province

*Wu Tingfang , Zhang Xiaolong and Dang Yueting* / 081

**Abstract:** In 2019, Guizhou Province continued to conscientiously implement the basic policy of "housing speculation", and the growth rate of investment in real estate development slowed down steadily. The financial system of the province continues to maintain support for the construction of qualified real estate projects in accordance with the guidance of real estate credit policy and the requirements of macro-prudential management of real estate finance. The balance of real estate development loans in the province increased by 11. 1% over the same period last year, and the growth rate remained within a reasonable range. In 2019, the Guiyang Central Branch of the people's Bank of China continued to implement the differential housing credit policy system, focusing on supporting residents' rigid housing demand and improved housing demand. In 2019, the growth rate of corporate home purchase loans and personal home purchase loans in Guizhou Province has slowed down.

**Keywords:** Financial System; Investment in Real Estate Development ; Personal House Purchase Loan

# Ⅴ  Report on County and District Subject

## B. 6  Report on the Real Estate Market of Guiyang in 2019

*Research Group of Guiyang City Housing and Urban and*

*Rural Construction Bureau* / 086

**Abstract:** In 2019, Guiyang City conscientiously implemented the relevant

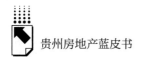

decisions and arrangements of the CPC Central Committee, the State Council, the provincial party committee and the provincial government, adhered to the general tone of seeking progress in the midst of stability, and adhered to the positioning of "houses are for living, not for speculation." constantly improve the regulation and control of the real estate market, effectively stabilize housing prices, and the overall trend of the real estate market is stable. According to statistics, the investment in real estate development in Guiyang was 117. 624 billion yuan in 2019, an increase of 19. 3% over the same period last year; the sales area of commercial housing was 10. 9995 million square meters, down 1. 7% from the same period last year; according to the data of the housing and construction department, the average sales price of newly built commercial housing was 9401 yuan per square meter, an increase of 11. 6% over the same period last year. By the end of December 2019, the inventory of commercial housing was 12. 7122 million square meters, an increase of 2. 2845 million square meters over the end of 2018, and the elimination cycle of commercial housing inventory was 17 months.

**Keywords**: Real Estate Regulation and Control ; Housing Development Planning ; Guiyang

## B. 7　Report on the Real Estate Market of Liupanshui in 2019

*Research Group of Liupanshui City Housing and Urban and Rural Construction Bureau / 091*

**Abstract**: In 2019, Liupanshui City conscientiously implemented the relevant national and provincial policies on the real estate market, adhering to the principle that "houses are for living, not for speculation", and the market order of commercial housing transactions was further standardized. tourism real estate, leisure health and other real estate has gradually become an important direction for real estate enterprises to consider investment, and the real estate market as a whole has maintained a steady development trend. At the same time, there are many contradictions in letters and visits caused by delayed delivery of rooms and late issuance of certificates.

**Keywords**: Liupanshui City; Real Estate Market ; Transformation of Shantytowns

## B. 8　Report on Real Estate Market of Zunyi City in 2019

*Research Group of Zunyi City Housing and Urban and*

*Rural Construction Bureau* / 096

**Abstract**: In 2019, under the strong leadership of the municipal party committee and municipal government, Zunyi City conscientiously implemented the major decisions and arrangements of the CPC Central Committee, the State Council and the provincial party committee and provincial government, and adhered to the orientation of " houses are used for living, not for speculation. " with the goal of stabilizing land prices, stabilizing house prices and expectations, implementing local policies, conscientiously implementing the main responsibility of real estate market regulation and control, preventing and defusing risks in the real estate market, and maintaining a stable and healthy development of the real estate market.

**Keywords**: Zunyi City ; Real Estate Market ; Investment Sales

## B. 9　Annual Report on Real Estate Market of Anshun in 2019

*Research Group of Anshun City Housing and*

*Urban and Rural Construction Bureau* / 101

**Abstract**: Centering on the general requirements of the Central Economic work Conference on " stabilizing housing prices, stabilizing land prices, and stabilizing expectations", we should adhere to the attribute orientation of " houses are for living, not for speculation", constantly standardize the behavior of the real

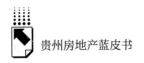

estate market, and comprehensively grasp the operation of the industry. earnestly do a good job in analysis and research to ensure the stable and healthy development of the city's real estate market. The investment of real estate development enterprises in Anshun increased by 51% in 2019. For the whole year, the sales area of commercial housing was 2. 7625 million square meters, an increase of 15. 4%.

**Keywords**: Anshun City; Real Estate Market; Investment in Real Estate Development

B. 10 Market Analysis Report on Real Estate Market of

Bijie City in 2019

*Research Group of Bijie City Housing Urban and*

*Rural Construction Bureau* / 108

**Abstract**: The real estate industry of Bijie City as a whole is in the stage of rapid development to structural adjustment and transformation. The development of the real estate industry has made great contributions to the all-round social and economic development of Bijie City, the promotion of new urbanization, the improvement of residents' living conditions, the promotion of city image and the improvement of city function.

**Keywords**: Bijie City; Real Estate Market; Investment in Real Estate Development

B. 11 Market Analysis Report on Real Estate Market of

Tongren City in 2019

*Research Group of Tongren City Housing and Urban and*

*Rural Construction Bureau* / 113

**Abstract**: Over the past year, under the strong leadership of the municipal party committee and municipal government, we have adhered to the guidance of Xi Jinping's thought of socialism with Chinese characteristics in the new era, conscientiously implemented the spirit of the 19th CPC National Congress and General Secretary Xi Jinping's series of important instructions on the work in Guizhou, and comprehensively implemented the decision-making arrangements of the CPC Central Committee, the State Council, the provincial party committee, the provincial government and the municipal party committee and municipal government. Better completed the real estate investment, commercial housing sales area and other target tasks.

**Keywords:** Tongren City; Real Estate Market; Real Estate Investment; Commercial Housing Sales

## B. 12　Market Analysis Report on Real Estate Market of Southwestern Guizhou in 2019

*Research Group of Southwestern Guizhou Housing and*

*Urban and Rural Construction Bureau* / 119

**Abstract:** In 2019, the GDP of the whole prefecture of Southwestern Guizhou Prefecture increased by 10%, investment in fixed assets increased by 5.8%, and the balance of RMB deposits and loans of financial institutions increased by 10.04%. The per capita disposable income of urban and rural residents increased by about 8.6% and 9.6% respectively, well fulfilling the targets set at the beginning of the year. Under the strong leadership of the Southwestern Guizhou Prefecture Housing and Urban – Rural Development Bureau, the Southwestern Guizhou Prefecture Housing and Urban – Rural Development Bureau has comprehensively implemented the national, provincial and state decision-making arrangements, and adhered to the positioning that the house is "for living, not for speculation" taking measures in accordance with local conditions and implementing policies according to the city, the real estate market as

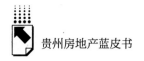
a whole shows a steady and healthy development trend.

**Keywords**: Southwestern Guizhou; Real Estate Market; Stable and Healthy

## B. 13 Market Analysis Report on Real Estate Market of Southeastern Guizhou in 2019

*Research Group of Southeastern Guizhou Housing and*

*Urban and Rural Construction Bureau ∕ 125*

**Abstract**: In 2019, the investment in real estate development in Southeastern Guizhou Prefecture increased by a large margin, and the total investment was close to the all-time high of 14. 03 billion yuan in 2016, ranking first in Guizhou Province. The sales area of newly built commercial housing has continued to grow, the sales area and growth rate have both reached the highest level in the past five years, the sales price of commercial housing has stabilized, and the real estate market as a whole continues to maintain a steady and healthy development trend.

**Keywords**: Southeastern Guizhou; Real Estate Market; Commercial Housing Sales

## B. 14 Market Analysis Report on Real Estate Market of Southern Guizhou in 2019

*Research Group of Southern Guizhou Housing and*

*Urban and Rural Construction Bureau ∕ 139*

**Abstract**: In 2019, the Southern Guizhou Prefecture Urban and Rural Construction and Planning Committee adhered to Xi Jinping's thought of socialism with Chinese characteristics in the new era, fully implemented the spirit of the 19th CPC National Congress and the second, third and fourth Plenary sessions of the 19th CPC Central Committee, the State Council, the provincial party committee and the provincial government, closely focused on the decision-making arrangements of the CPC Central Committee, the State Council, the provincial party committee and the provincial government, paid close attention to the goal and task of winning a decisive battle to get rid of poverty, comprehensively did a good job in the work of "six stability", and. We will speed up the pace of infrastructure construction, fully fulfill the annual targets for urban construction investment, the sale of commercial housing, and the output value of the construction industry, continuously strengthen urban infrastructure, improve housing security for the masses, and constantly improve the living environment. New achievements have been made in urban construction.

**Keywords:** Southern Guizhou; Real Estate Market; Housing Security; Human Settlement Environment

# VI  Special Report

B. 15  Poverty Alleviation by Relocation is the Guarantee to

Eliminate Extreme Poverty and Block Poverty-returning:

The Perspective of Family Wealth Growth Based on Housing

*Wu Tingfang, Wu Guoyong, Yu Can and Guo Yun* / 150

**Abstract:** Poverty alleviation and relocation in different places is a fundamental solution to cut off the root of poverty and solve the problem that "one side of soil and water cannot support the other" in the fight against poverty. No matter how poor a country or region is, if it wants to really eradicate poverty and block returning to poverty, the most important path is to take the initiative to create prosperity and create prosperity in places where prosperity is least likely to occur. Since one side of the soil and water can not support the other, it is

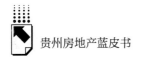
necessary to implement the relocation of poverty alleviation in order to seek new opportunities to actively create wealth and prosperity in the new scene, which is the essence of the innovative model of poverty alleviation and relocation in Guizhou Province. The province has completed 946 poverty alleviation and resettlement projects, 453900 housing units, and simultaneous allocation and improvement of infrastructure such as water, electricity, roads, gas and power grids. A total of 1.88 million people have been relocated, ranking first in the country. The wealth of poor households after relocation is 5.49 times as much as that before relocation, in which the average house value per household is 7.42 times that before relocation, and the average annual income is 2.24 times. Guizhou Province has achieved outstanding results in poverty alleviation and relocation.

**Keywords:** Poverty Governance; Poverty Alleviation by Relocation; Housing Wealth

B. 16   Report on Poverty Alleviation by Relocation in

Huishui County                    *Wu Tingfang, Yu Can* / 171

**Abstract:** In 2014, there were 82000 poor people in Huishui County, 13 poor townships and 108 poor villages, of which 39 were deep poverty villages, with a poverty incidence of 20.51%. On December 2, 2015, Guizhou Province began work on poverty alleviation by relocation in Huishui County. At the end of August 2018, a total of 4206 households and 17670 people were relocated, of which 3298 households and 13654 were poor. The incidence of poverty in the county dropped from 20.51% to 1.54%.

**Keywords:** Poverty Alleviation; Poverty Alleviation by Relocation; Fixed Relocation of Employment

B. 17　The Development Process, Main Measures and Practical
　　　　Achievements of the Reconstruction of Dilapidated
　　　　Buildings in Rural Areas of Guizhou Province

*Chen Qirong* , *Wang Xingji* / 180

**Abstract**: "those who have permanent property have perseverance". The
security of rural housing is the most concerned issue for the poor people, and it is
the basic requirement and core index to measure the poverty alleviation of the
poor. It is also one of the most intuitive and specific landmark tasks in the overall
goal of "two worries and three guarantees". It is directly related to the quality of
winning the battle against poverty and building a moderately prosperous society in
an all-round way, and it is also the "key key" to enhance the confidence of the
poor people in rural areas to shake off poverty and become rich. Guizhou is the
first pilot province in the country to carry out the renovation of dilapidated houses
in rural areas, and it is also the main battlefield for the country to fight against
poverty, and it is also the province with the largest number of dilapidated houses in
rural areas and the largest number of people out of poverty. Since Guizhou carried
out the transformation of dilapidated houses in rural areas in 2008, it has persisted
in promoting the combination of the transformation of dilapidated houses in rural
areas with the renovation of living environment, the revitalization of villages, big
data, poverty alleviation and relocation in different places, and housing security,
etc. , and achieved remarkable phased results. It provides Guizhou samples for the
whole country to win the battle against poverty and to realize the "housing
security" of the poor people. It has laid a solid foundation for Guizhou to build a
moderately prosperous society in an all-round way and to promote the revitalization
of rural areas.

**Keywords**: Reconstruction of Dilapidated Houses in Rural Areas; Housing
Security; Guizhou Province

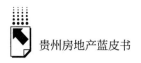

# Ⅶ Hotspot Report

B. 18 Analysis on the Operation of Social Public Rental Housing in Guizhou Province *Wu Tingfang , Hu Dieyun* / 196

**Abstract:** In 2020, affected by the epidemic, the domestic rental market was greatly impacted, especially long-term rental apartments, which generally faced a decline in rental rate, but still had to pay rent to normal owners, the cash flow of enterprises was tight, the operating pressure was even greater, the operation was difficult, and there was little profit. The star enterprises of long-term rental apartments also negotiated a price reduction with the owners. The epidemic has tested the operation ability and fund-raising ability of enterprises. "running away" has become the key word of the rental market in 2020, and Guiyang, a third-tier city, is constantly running away from leasing enterprises, and the rental market is in chaos, so the way for the leasing industry is thought-provoking.

**Keywords:** Long-term Rental ; Apartment Leasing Industry; Guizhou Province

# 皮 书

## 智库报告的主要形式
## 同一主题智库报告的聚合

### ❖ 皮书定义 ❖

皮书是对中国与世界发展状况和热点问题进行年度监测，以专业的角度、专家的视野和实证研究方法，针对某一领域或区域现状与发展态势展开分析和预测，具备前沿性、原创性、实证性、连续性、时效性等特点的公开出版物，由一系列权威研究报告组成。

### ❖ 皮书作者 ❖

皮书系列报告作者以国内外一流研究机构、知名高校等重点智库的研究人员为主，多为相关领域一流专家学者，他们的观点代表了当下学界对中国与世界的现实和未来最高水平的解读与分析。截至2020年，皮书研创机构有近千家，报告作者累计超过7万人。

### ❖ 皮书荣誉 ❖

皮书系列已成为社会科学文献出版社的著名图书品牌和中国社会科学院的知名学术品牌。2016年皮书系列正式列入"十三五"国家重点出版规划项目；2013~2020年，重点皮书列入中国社会科学院承担的国家哲学社会科学创新工程项目。

# 中国皮书网

（网址：www.pishu.cn）

发布皮书研创资讯，传播皮书精彩内容
引领皮书出版潮流，打造皮书服务平台

## 栏目设置

### ◆ 关于皮书

何谓皮书、皮书分类、皮书大事记、
皮书荣誉、皮书出版第一人、皮书编辑部

### ◆ 最新资讯

通知公告、新闻动态、媒体聚焦、
网站专题、视频直播、下载专区

### ◆ 皮书研创

皮书规范、皮书选题、皮书出版、
皮书研究、研创团队

### ◆ 皮书评奖评价

指标体系、皮书评价、皮书评奖

### ◆ 互动专区

皮书说、社科数托邦、皮书微博、留言板

## 所获荣誉

◆ 2008 年、2011 年、2014 年，中国皮书
网均在全国新闻出版业网站荣誉评选中
获得"最具商业价值网站"称号；
◆ 2012 年，获得"出版业网站百强"称号。

## 网库合一

2014年，中国皮书网与皮书数据库端口
合一，实现资源共享。

# 权威报告·一手数据·特色资源

# 皮书数据库
## ANNUAL REPORT(YEARBOOK)
## DATABASE

## 分析解读当下中国发展变迁的高端智库平台

### 所获荣誉

- 2019年，入围国家新闻出版署数字出版精品遴选推荐计划项目
- 2016年，入选"'十三五'国家重点电子出版物出版规划骨干工程"
- 2015年，荣获"搜索中国正能量 点赞2015""创新中国科技创新奖"
- 2013年，荣获"中国出版政府奖·网络出版物奖"提名奖
- 连续多年荣获中国数字出版博览会"数字出版·优秀品牌"奖

### 成为会员

通过网址www.pishu.com.cn访问皮书数据库网站或下载皮书数据库APP，进行手机号码验证或邮箱验证即可成为皮书数据库会员。

### 会员福利

- 已注册用户购书后可免费获赠100元皮书数据库充值卡。刮开充值卡涂层获取充值密码，登录并进入"会员中心"—"在线充值"—"充值卡充值"，充值成功即可购买和查看数据库内容。
- 会员福利最终解释权归社会科学文献出版社所有。

数据库服务热线：400-008-6695
数据库服务QQ：2475522410
数据库服务邮箱：database@ssap.cn
图书销售热线：010-59367070/7028
图书服务QQ：1265056568
图书服务邮箱：duzhe@ssap.cn

社会科学文献出版社 皮书系列
SOCIAL SCIENCES ACADEMIC PRESS (CHINA)
卡号：274947982935
密码：

# S 基本子库
## UB DATABASE

## 中国社会发展数据库（下设 12 个子库）

整合国内外中国社会发展研究成果，汇聚独家统计数据、深度分析报告，涉及社会、人口、政治、教育、法律等 12 个领域，为了解中国社会发展动态、跟踪社会核心热点、分析社会发展趋势提供一站式资源搜索和数据服务。

## 中国经济发展数据库（下设 12 个子库）

围绕国内外中国经济发展主题研究报告、学术资讯、基础数据等资料构建，内容涵盖宏观经济、农业经济、工业经济、产业经济等 12 个重点经济领域，为实时掌控经济运行态势、把握经济发展规律、洞察经济形势、进行经济决策提供参考和依据。

## 中国行业发展数据库（下设 17 个子库）

以中国国民经济行业分类为依据，覆盖金融业、旅游、医疗卫生、交通运输、能源矿产等 100 多个行业，跟踪分析国民经济相关行业市场运行状况和政策导向，汇集行业发展前沿资讯，为投资、从业及各种经济决策提供理论基础和实践指导。

## 中国区域发展数据库（下设 6 个子库）

对中国特定区域内的经济、社会、文化等领域现状与发展情况进行深度分析和预测，研究层级至县及县以下行政区，涉及地区、区域经济体、城市、农村等不同维度，为地方经济社会宏观态势研究、发展经验研究、案例分析提供数据服务。

## 中国文化传媒数据库（下设 18 个子库）

汇聚文化传媒领域专家观点、热点资讯，梳理国内外中国文化发展相关学术研究成果、一手统计数据，涵盖文化产业、新闻传播、电影娱乐、文学艺术、群众文化等 18 个重点研究领域。为文化传媒研究提供相关数据、研究报告和综合分析服务。

## 世界经济与国际关系数据库（下设 6 个子库）

立足"皮书系列"世界经济、国际关系相关学术资源，整合世界经济、国际政治、世界文化与科技、全球性问题、国际组织与国际法、区域研究 6 大领域研究成果，为世界经济与国际关系研究提供全方位数据分析，为决策和形势研判提供参考。

# 法律声明